쏘왓?

So What?

쏘왓?

초판 1쇄 인쇄 2021년 3월 10일
초판 1쇄 발행 2021년 3월 15일

지은이 큐 팍
펴낸이 전형주, 전익균

이 사 김영진
기 획 조양제, 백현서
실 장 허태훈
편 집 김 정
관 리 이주용, 전이랑, 조성오
개 발 박수아
교 육 민선아
마케팅 팀메이츠

펴낸곳 (주)아미푸드앤미디어, 에이원북스
전 화 (02) 2203-1996 **팩스** (050) 4328-4393
출판문의 및 원고투고 이메일 svedu@daum.net
등록번호 제215-92-61832호 **등록일자** 2010. 7. 12

값 15,000원
ISBN 979-11-972966-5-9(03740)
* 잘못 만들어진 책은 구입하신 곳에서 바꾸어 드립니다.

쏘왓?
So What?

미국식 영어 공부의 진실

The Truth
About
Studying American English

큐 팍
(Kew Park)

도서출판 새빛
SAEVIT

미국식 영어 공부에 관한 에세이

대학교 때 과외로 영어를 가르치기 시작했다. 그 후 강남의 유명 학원에서 영어 강사 생활을 했었고, 미국 유학을 준비하는 학생을 대상으로 미국 대학 컨설팅과 SAT(미국 수능시험)를 가르치는 학원도 운영했었다. 지금도 영어권 국가의 대학이나 대학원을 목표로 하는 학생들에게 입학컨설팅 서비스를 제공하면서 국내 영어 교육의 현실을 직접 목격하고 있다. 성인 에세이와 독해도 지도하고 있다. 이렇게 오랫동안 한국에서 영어를 가르치면서 우리나라 학생들이 왜 미국에 가서 영어로 고생하며 학교를 졸업하고, 사회생활을 하면서도 왜 영어 때문에 힘들어하는지 생각해보게 되었다.

사실, 우리가 영어를 힘들어하는 이유는 간단하다. 우리는 그동안 제대로 된 영어를 배우지 않았고 영어가 속한 미국 문화에도 관심이 별로 없었기 때문이다. 게다가 시험 점수에만 급급한 나머지 점수를 내기 위한 시험 문제용 영어만 공부하다보니 미국 대학에서 요구하는 토플 점수는 갖췄을지 모르지만, 막상 미국 대학에 가서는 영어 페이퍼를 제대로 쓰지 못하는 일이 발생한다. 또 토익에서는 고득점을 얻었지만 외국인과 쉽게 커뮤니케이션하는 데는 아직도 어려움이 많다. 직장인도 국내 명문대를 나왔어도 업무에서 접하는 미국 영어는 좀처럼 쉽지 않다고 많이 느낀다. 외신을 번역한 국내 언론사의 기사만 봐도 오역이 꽤 많다. 그뿐만 아니라, 외국에서 누군가가 한국에 대한 얘기를 했을 때 이를 잘못 알아듣고 그 외국인을 오해하는 경우도 자주 발생한다. 영화의 영어 대사나 팝송의 영어 해석에서도 잘못된 번역이 많다.(예를 들어, 2019년 12월에 내한한 전설적 록그룹 U2의 공연에서 리드보컬 보노(Bono)의 한국 분단 상황에 대한 짤막한 연설이 있었는데, 거기서도 한국 언론의 틀린 해석이 나왔다. 이 일화는 마지막 장에 자세히 나온다.)

수십 년 동안 중고등학교에서 영어를 필수로 가르치고, 대학이나 직장을 다니면서 많은 영어 학원을 거치지만, 영어 실력의 향상은 아직도 많은 사람에게는 어려운 일이고 영어라는 언어를 제대로 이해하는 문제도 좀처럼 해결되고 있지 않다. 요즘은 유학생도 많아졌고, 원어민 교사의 증가와 어학연수 등으로 영어 교육 환경이 예전보다는 월등히 나아져 영어를 잘하는 사람이 많이 늘긴 했지만, 아직도 영어를 제대로 이해하는 사람은 소수고 사회 곳곳에서 보이는 영어의 잘못된 활용은 끊이지 않고 있다.

이런 모든 문제의 근본 원인은 한국에서는 글로벌 언어인 미국식 영어를 가르치지 않는다는 사실에 있다. 미국식 영어를 가르치지 않고 한국식 시험용 영어를 아직도 가르치고 있다. 이런 한국식 시험용 영어를 가르치다 보니 공부하는 방법도 영어 실력의 향상에 맞춰진 게 아닌 한국식 영어 시험에 맞춰져 있다. 선생은 영어의 잘못된 공부법을 가르치고 학생은 그 잘못된 공부법으로 미국식 영어가 아닌 한국식 영어를 배우니 제대로 된 영어 실력이 나올 수가 없다. 영어 평가도 제대로 된 평가가 아니다. 안타깝지만 이게 아직도 바뀌지 않은 한국 영어 교육의 현실이다.

이 책에서는 미국식 영어에 대한 얘기를 하고자 한다. 미국식 영어가 무엇이고 이를 공부하기 위해 어떤 마인드로 영어를 접근해야 하는지, 그리고 그동안 널리 알려진 영어 공부법이 왜 잘못됐는지 살펴보고 미국식 영어 공부의 진실에 대해 알리고자 한다. 하지만, 이 책은 영어 교재는 아니다. 영어 교재처럼 잘 짜인 학습법을 소개하지는 않았다. 미국식 영어라는 한 언어의 특성과 성질을 더 잘 이해할 수 있도록, 그리고 이런 언어를 더 잘 알려면 어떤 자세로 영어를 바라봐야 하는지에 중점을 둔, 미국식 영어에 관한 에세이라고 생각해도 된다. 영어 학습교재도 작업을 하고 있지만, 영어 공부 이전에 더 중요한 것이 영어에 대한 우리의 잘못된 선입견을 고치는 거라고 생각한다. 서점에는 영어 공부를 위한 수많은 교재가 있지만, 영어를 어떤 입장에서 바라봐야 하는지, 우리가 가진 잘못된 선입견을 어떻게 고쳐야 하는지에 대한 책은 좀처럼 찾기 힘들다. 그래서 이런 내용의 책을 먼저 소개해야겠다고 생각했다.

영어 교재를 내기 전에 약간은 추상적일 수 있는 내용의 책을 쓴 또 하나의 이유가 있다. 사실, 이 책에도 영어를 공부하는 방법에 대해 많은 내용이 담겨져 있긴 하다. 우리나라의 영어 공부 방법 중에 무엇이 잘못됐고 그 잘못된 방법을 어떻게 고쳐야 하는지에 대해서도 설명을 한다. 하지만, 책의 나머지 부분은 공부 방법 외에 미국식 영어에 관한 얘기로 채워져 있다. 이런 미국식 영어에 대한 얘기로 우리의 시각을 먼저 바꾸고 싶어서다. 우리는 그동안 영어를 시험 공부와는 떼어놓고 생각을 못해봤다. 그래서 영어는 늘 공부를 해야 하는 강박관념을 가지고 있어서 영어가 어떤 언어인지, 어떤 성격의 문화에 속하는지에 대해 생각할 겨를이 없었던 것 같다. 그렇기 때문에 이 책에서는 영어 공부에 관한 내용 외에 영어라는 언어에 대한 내용도 담겨져 있다. 영어를 문화적 측면에서 봐야 하는 이유와 그 방법에 대해서도 잠깐 다룬다. 미국 문화를 떠나서는 영어라는 언어를 생각할 수 없기 때문에 포함시켰다. 그리고 여기서 다루는 영어는 철저히 미국식 영어다. 영국이나 캐나다, 호주 등 다른 영어권 국가의 언어 얘기는 다루지 않았다.

그럼 본문에 들어가기에 앞서 웜업(warmup)으로 영어에서 제일 중요한 개념을 먼저 하나 살펴보자. 영어를 할 때 제일 먼저 생각해야 할 것이 주어-동사의 짝(pair)이라는 건 누구나 다 안다. 항상 이 짝을 생각하면서 영어를 해야 한다는 건 철칙이다. 이 철칙을 떠나서 영어를 생각해서는 안 된다. 그런데 그동안 많은 학생을 가르쳐본 결과 이 철칙을 너무나 쉽게 등한시한다는 걸 알게 됐다. 문장을 읽을 때 주어와 동사의 관계는 대충 보고 오히려 그 나머지 부분에 신경을 더 많이 쓴다는 걸 알게 됐다. 주어와 동사 이외의 부분은 부수적인 거고 일차적으로 중요한 건 주어와 동사의 짝이다. 평소에 자주 접하는 짧은 문장일 때는 주어-동사의 짝을 대충 봐도 큰 문제가 안 되겠지만, 문장이 조금만 길어지면 주어-동사가 너무나 중요해진다. 긴 문장의 해석에 어려움을 느끼는 이유가 영어 단어를 많이 몰라서, 또는 문장구조가 복잡해서만이 아니다. 바로 이 주어-동사를 긴 문장을 해석하면서 놓쳐버리기 때문이다. 영어 문장을 읽을 때 주어-동사의 짝에서 모든 게 출발한다. 그런데 생각보다 많은 사람이 이 철칙을 가볍게 생각하고 지나간다. 아마 지금 이 부분을 읽으면서도 "에이, 그건 너무나 당연한 건데 불필요하게 설명하네."라고 생각하는 사람도 있을 거다. 그런데 이렇게 느끼는 사람도 영어를 읽다 보면 이 철칙에서 벗어나는 경우를 많이 발견하게 될 거다. 이런 것들을 하나씩 지적하면서, 영어를 공부할 때 우리가 너무나 오랫동안 지니고 있었던 잘못된 영어 공부 습관들을 하나씩 고쳐가는 게 이 책의 목적이다.

마지막으로, 이 책에 소개한 내용대로 영어를 공부하려면 그동안 가지고 있었던 영어 공부에 대한 속설(myth)을 완전히 버려야 한다. 여기 소개하는 모든 내용이 새로운 얘기는 아닐 수 있다. 하지만, 영어 공부하는 데 있어서 간과했던 내용이 많이 소개됐다고 생각한다.

그렇기 때문에 이 책은 영어라는 언어와 영어 공부에 대한 우리의 고정관념을 고쳐주는 책으로 보면 좋겠다. 잘못 알려진 것을 바로 잡아야 제대로 된 영어 공부를 할 수 있다고 생각한다. 그래서 쉽지는 않겠지만 그동안 알고 있던 방법을 과감히 버려야 한다. 진실(truth)을 받아들이려면 그동안 진실이라고 알고 있었던 거짓을 버리는 게 첫 스텝이다. 그럼 이제 미국식 영어 공부의 진실을 소개하겠다.

차례

Chapter

1

이제 그만

한국에서 가르치는 영어는
미국식 영어가 아니다

Ch 1-1

1형식부터 5형식 문장

아직도 중학교 교재에 나오는 문장 형식

그동안 학교에서 배웠던 영어는 미국식 영어가 아닐 뿐만 아니라 의사소통을 위한 영어가 아녔다. 이 챕터에 소개할 내용은 주로 영어 초보자에게 해당되는 내용이지만, 기본적으로 영어 공부를 하는 모든 사람이 알았으면 하는 내용이라고 생각한다. 그동안 우리가 잘못 알고 있었던 영어 공부법에 대한 근거가 되기 때문에 한 번쯤 생각해보는 게 앞으로의 영어 공부에 도움이 될 거라고 믿는다.

우리나라에서 영어를 처음 배울 때 보게 되는 것이 바로 1형식부터 5형식까지의 문장 구조다. 지금도 학생들에게 물어보면 학교에서 1형식부터 5형식 문장을 당연히 배운다고 한다. 시중의 많은 영어 참고서에도 이 내용이 빠지지 않고 나온다. 이런 현상은 우리나라의 7–80년대 영어 교육 내용이 아직도 크게 바뀌지 않았다는 걸 뜻한다. 지금 중학교 영어 교재를 봐도 그 당시에 봤던 영어 교재와 내용이 크게 다르지 않은 것 같다. 그런데 우리가 지난 몇십 년 동안 배워 온 이런 영어는 객관식 영어 시험 문제용이지 읽기, 말하기, 쓰기를 위한 영어는 절대 아니다. 오히려 제대로 읽고 말하고 쓰는 데 방해가 될 수 있는 내용이 많다. 영어라는 언어를 처음 배울 때 문장의 구조를 배우는 게 정상적인 단계 같지만, 이건 언어를 기계적으로 배우는 것이지 인간의 언어를 자연스럽게 습득하는 과정은 아니다. 문장을 어떤 구조 속에 한정지어 놓고 배우기 시작하면 언어를 부자연스럽게 익히게 된다. 인간의 말을 배우게 되지 않고 영어라는 학문을 배우게 된다. 그래서 우리나라는 초중고에서 영어를 오래 배웠어도 나중에 영어 문법을 또 배우고, 회화를 회화 학원에서 따로 배우고, 독해는 독해 학원에서 또 배운다. 그러다 보니 학교를 졸업하고 사회에 나와서 영어를 하려고 하면 부자연스러운 영어인 소위 '콩글리쉬(Konglish)'를 하게 된다. 그동안 우리는 한국식 영어인 콩글리쉬를 배워왔다. 1형식부터 5형식의 문장 구조가 아직도 중학교 영어 교재에 나온다고 하니 사실은 지금도 콩글리쉬를 가르치고 있는 거나 마찬가지다. 고등학생용 인터넷 영어 강의 영상을 봐도 이런 사실은 쉽게 알 수가 있다. 한국의 영어는 아직도 객관식 영어 시험을 위한 공부에서 벗어나지 못하고 있다.

이 한국식 영어 공부를 벗어나는 방법 중 제일 처음 해야 될 것이 머릿속에서 1-5형식 구조를 지워버리는 거다. 영어 문장을 대할 때 이런 형식의 틀에 얽매이지 않고 제일 먼저 주어와 동사를 생각한 후 문장 속의 나머지 단어들의 뜻을 조합하는 연습을 시작해야 한다. 어찌 보면 체계가 없어 이상하게 보일지 모르지만 체계적인 영어는 더 윗단계에서 해야지 여기서 할 필요는 없다. 그래서 영어가 아직 약한 사람은 앞으로 영어 공부를 할 때 영어의 문장 형식을 무시하고 이렇게 해보자. 예를 들어,

Mandy made a nice gift for me.

이 문장을 해석한다고 해보자. 각 단어의 뜻만 우선 열거하자면,

Mandy : 맨디(이름)
made : 만들었다(make의 과거형)
a : 단수명사 앞에 쓰는 관사
nice : 예쁜, 좋은(형용사)
gift : 선물(명사)
for : ~를 위해서(전치사)
me : 나(대명사)

일단 주어는 Mandy, 동사는 made이다. 그래서 "맨디가 만들었다"라는 주어-동사의 짝(pair)으로 문장의 틀을 먼저 만든다. 그러고 나서 나머지 단어들을 의미가 맞도록 끼워 맞추듯이 해석을 하면 된

다. 이 문장이 몇 형식인지, 목적어나 목적격 보어가 어떤 것인지 생각할 필요가 없다. "맨디가 만들었다"와 "선물"이 있으니 "맨디가 만들었다. 선물을"으로 해석하면 된다. 그리고 끝에 "나를 위해서"라는 구까지 연결하면 문장 전체의 뜻이 연결 될 수가 있다. "맨디가 만들었다. 선물을. 나를 위해서"라고 하면 이제 이 문장의 의미가 보인다. 이렇게 하는 것이 별게 아닌 것 같지만, 언어는 원래 이렇게 배워야 한다. 주어 + 동사 + 목적어 + 목적격보어의 문장 구조를 생각하고 분석하면서 언어를 배우는 게 아니다.

이렇게 주어와 동사를 먼저 찾고 나머지 단어를 이 주어-동사의 틀에 맞춰가는 방식으로 영어 문장을 읽는 연습을 우리는 그동안 너무 안 했다. 그런데 이런 식으로 영어 문장을 해석하는 건 영어 공부에 있어서 아주 좋은 습관이다. 물론, 나중에 분사구(participial phrase)가 문장의 앞이나 속에 포함되거나 또는 관계대명사절이 연결되면서 문장 구조가 복잡해지면, 그때는 확실한 규칙에 의해서 문장을 해석해야 한다. 하지만, 그때도 1형식에서 5형식의 문장 구조를 생각하면서 문장을 분석할 필요가 없다. 예를 하나 보자.

Thinking that Christmas season was near, my mom bought some presents for her friends and their families.

해석은, "크리스마스 시즌이 가까워졌다고 생각한 엄마는 엄마 친구와 그 가족을 위해 선물을 샀다."이다. 여기서 중요한 것은 앞의 분사구 "Thinking ~ near," 부분이 그 뒤 주절(main clause)의 주어인 "엄마"를 수식해준다는 사실이지 문장의 형식은 중요한 게 아니다. 이 문장 전체를 해석하는데 몇 형식의 문장인지 전혀 알 필요가 없다. 주절인 my mom ~ their families 역시 먼저 해석한 문장처럼 주어와 동사의 틀을 갖춰놓고 나머지 부분을 해석해서 끼워 맞추면 된다.

그래서 영어를 처음 배운다거나 또는 오랜만에 다시 영어 공부를 시작한다고 할 때 우리가 그동안 배웠던 1형식에서 5형식의 기본 문장 구조는 전혀 쓸모가 없다. 문장을 어차피 블록(block)으로 쪼개서 (위의 경우 분사구인 앞부분과 뒤의 주어-동사의 주절로 나뉨) 보기 때문에 각 덩어리만 해석해서 붙이는 연습을 하면 되고 문장 구조는 생각할 필요가 없다. 문장이 아무리 길어져도 주어-동사의 틀을 먼저 만들고 나머지 부분을 해석하면 된다. 예를 들어,

When we exercise imagination about political topics, we have a harder time accepting the possibility that we might be wrong.

이렇게 긴 문장을 해석할 때 그 어디에도 1형식에서 5형식 문장 구조는 생각할 필요가 없다. 긴 문장을 블록으로 쪼개는 연습을 해

야 하는데 제일 먼저 주어-동사를 찾아야 한다. 여기에는 3개의 주어-동사 짝이 있다.

1) we exercise
2) we have
3) we might

이렇게 주어+동사가 있는 부분을 절(clause)이라고 하는데 여기를 먼저 분석하면 된다. 1)번 절인 When we exercise imagination about political topics 의 각 단어들을 보면 :

When ~ 할 때
imagination 상상
about ~에 대해
political 정치적인
topics 토픽

이제 이 단어들을 미리 뽑아 놓은 주어+동사인 "우리(we)는 해보다(exercise)"의 틀에 적절히 조합을 하면 된다. 우리가 학교나 영어 교재에서 배웠던 것처럼 문장 형식, 접속사, 주어, 목적어 등의 문법용어를 생각하며 문장을 분석할 필요가 없다. 그래서,

When we exercise imagination about political topics
우리가 ~할 때 상상 정치적 토픽에 대해

이렇게 블록마다 해석을 한 후 이걸 합치면 "우리가 정치적 토픽에 대해 상상해볼 때"로 맞출 수가 있다.

그 다음에 오는 절도 똑같이 블록을 나눠보면 아래와 같이 된다.

we have a harder time accepting the possibility
우리는 ~가진다 더 힘든 시간 that~하다는 가능성을
that we might be wrong
받아들이는 우리가 틀릴 수 있다

여기서 뒤의 두 블록을 먼저 합쳐보면, "우리가 틀릴 수 있다는 가능성을 받아들이는"이 되고 앞의 두 블록을 합치면 "우리는 더 힘든 시간을 갖는다."가 된다. 이렇게 각 블록을 먼저 만든 후 이 블록들을 합치면 된다.

"우리는 우리가 틀릴 수 있다는 가능성을 받아들이는데 더 힘든 시간을 갖는다."

더 다듬으면, "우리는 우리가 틀릴 수 있다는 가능성을 받아들이

는 걸 더 어려워 한다."

그런 다음에 위의 When 절과 합치고 살짝 다듬으면 다음과 같이 된다.

"우리가 정치적 토픽에 대해 상상할 때는 우리가 틀릴 수 있다는 가능성을 받아들이기가 더 힘들다."

해석은 이렇게 블록 단위로 구분할 줄 아는 것이 중요하지 문장 구조는 별로 중요하지 않다. 해석을 이렇게 하다보면 때로는 틀리는 경우도 생긴다. 블록을 제대로 못 나눈 경우 또는 해석이 여러 개로 나올 수 있는 문장도 간혹 있으니 당연히 그럴 수 있다. 하지만, 이런 식으로 해석해서 틀려도 괜찮다. 어차피 배우는 과정에서는 틀려도 괜찮다. 우리는 시험에 너무 길들여져 있어 틀리는 것에 아주 예민한데 이제는, 시험을 위한 공부가 아니고 언어를 배우기 위한 공부이기 때문에 틀리는 것에 지나치게 민감한 반응을 할 필요가 없다. 그리고 공부라기보다는 배우는 과정, 즉 learning을 하는 과정이라고 생각해야 한다.

이렇게 블록 단위로만 나눠서 하는 것이 과연 실력의 향상을 가져올 수 있을까 하는 불안감이 생길 수도 있다. 하지만, 앞에서도 말했듯이 다른 나라의 언어를 우리 뜻으로 해석할 때는 짜인 틀에 맞게 해석하는 연습보다 언어 대 언어를 매칭시켜가듯 해석하는 연습이 중요하다. 마치 아이가 말을 배워갈 때 어떤 틀에 문장의 구성 요소를 하나씩 끼워 맞추며 배우지 않고 자연스럽게 배우듯이, 영어 문장도 해석할 때 말을 배우는 아이처럼 해보는 게 매우 중요하다. 언어의 구조적 틀에 맞춰서 규칙에 따라 해석하는 연습도 물론 해야 한다. 그런 기계적 해석법은 나중에 다시 소개하겠다. 생각해보면, 여기서 제시한 방법이 언어를 자연스럽게 습득하는 과정이란 걸 알 수 있다. 문장 형식을 분석하고 해당 부분에 의미를 대입해서 해석을 하거나 말을 하려는 건 매우 부자연스러운 언어 처리 방법이다. 그 어떤 인간도 언어를 그런 식으로 해석하지 않는다. 그런데 우리는 지금까지 영어라는 언어를 그렇게 배워왔고 아직도 그렇게 가르치고 있다.

영어를 문장 형식에 맞추지 않고 내 머릿속에서 이리저리 의미를 짜맞추듯이 하는 방법은 장기적으로 봤을 때도 그 효과가 나타난다. 영어 실력이 향상할수록 점점 더 어려운 글을 읽게 되는데 그럴 때마다 문장 형식을 생각하며 해석을 할 수는 없다. 머릿속에서 의미의 블록을 짜맞추는 연습을 처음부터 하다보면 여러 종류의 문장에 적응하는 능력도 빨리 생긴다. 그런데 영어 문장을 문장 형식에 국한해서만 생각하면 다양한 종류의 문장을 접했을 때 문장 해석의 순발력이 훨씬 떨어지게 된다. 틀에서 벗어난 것을 생각하지 못하고 틀에 맞게 짜인 문장밖에 볼 줄 모르게 된다. 그러니 처음부터 1–5

형식 문장 구조는 잊어버리고 주어+동사를 찾고 문장의 나머지 부분을 블록으로 구분하고, 그 블록들을 연결하는 연습을 하는 것이 좋다.

이렇게 처음부터 블록을 연결해서 해석하는 연습을 많이 해야 문장이 더 길고 어려워졌을 때도 해석을 잘할 수 있다. 길고 어려운 문장에서 목적어, 목적격보어, 직접목적어, 간접목적어 등의 구분은 별로 중요하지 않다. 문장의 각 단어 또는 구의 의미 덩어리들을 가지고 논리에 맞게 문장의 의미를 완성해 가는 능력이 필요한 거다. 여기서 중요한 포인트는, 이런 식으로 해야 영어라는 언어에 맞는 논리력을 키울 수가 있다. 마치 어린아이가 말을 처음에 배울 때 엄마의 말을 이렇게 생각해보고 또 다르게 생각해보는 연습을 통해 언어의 논리가 생기듯이 말이다. 영어 문장을 문장의 형식을 생각하고 해석하려고 하면 영어의 논리력이 절대 생기지 않는다. 그래서 미리 만들어진 구조에 끼워 맞추는 게 아닌, 내 머릿속에서 의미의 조합을 만들어 가는 과정은 언어를 배우는 과정에서 아주 중요하다. 그리고 이렇게 하다보면 영어 실력만 향상하는 게 아니라 우리말과는 다른, 영어만이 갖고 있는 언어의 논리구조를 이해하게 된다. 이게 언어를 배우는 과정이다.

이제부터는 영어 공부를 할 때 1형식-5형식, 직접목적어, 간접목적어, 목적격보어 등은 생각하지 말자. 학교에서 영어를 배운 우리 대부분은 이 내용을 다 들어봤기 때문에 또 볼 필요가 없다. 학교에서 영어 공부를 잘 안 해서 이런 내용을 잘 모르더라도 괜찮다. 아예 안 배운 게 오히려 낫다. 이제 문장을 의미의 덩어리로 쪼개서 바로 해석하는 연습으로 들어가자. 이게 언어를 배우는 올바른 방법이다. 그동안 우리는 언어를 제대로 익히는 방법으로 영어를 배우지 않았고 공부를 위한 재료로 보았다. 교육자들도 그렇게 봤고, 배우는 사람도 그렇게 봤고. 지금부터는 영어를 언어로 보고 익혀야 한다.

Ch 1-2

To-부정사의 용법

용법의 구분보다 해석이 중요

앞장의 문장 형식과 마찬가지로 우리나라 학교에서 중요하다고 가르치는 문법 중에 또 불필요한 것이 to-부정사(to+동사원형)의 용법이다. 명사적, 형용사적, 부사적 용법의 구분이 아직도 영어 교재에 나오고 이를 구별하는 법을 학생들이 익히고 있다. 그런데 to-부정사가 명사적 용법인지 형용사적 용법인지 부사적 용법인지의 구분은 학술적 구분일 뿐이고 사실은 to-부정사를 제대로 해석만 할 줄 알면 된다. 그리고 그 해석은 어차피 문장의 내용에 따라 구분되는 것이기 때문에 문장을 해석하는 연습만 하면 자연히 to-부정사가 어떤 품사의 역할을 하는지를 알 수 있게 된다. 그러니 굳이 이런 문장에서는 명사적 용법이고 또 다른 형태의 문장에서는 형용사적 용법이라고 따로 배울 필요가 없다. 그동안 한국의 영어 교육에서 이걸 가르쳤던 이유도 문장 형식을 가르쳤던 이유와 마찬가지로 시험 문제로 내기 아주 좋았기 때문이다. 다시 말해서, 아이들에게는 공부할 거리가 되고 교사에게는 좋은 시험 문제가 됐기 때문이다. 실제 영어 실력의 향상에는 큰 도움을 주는 내용이 아녔는데도 가르쳐왔던 거다. 그래서 지금 또는 앞으로 영어 공부를 하는 사람들은 앞 단원의 문장 형식과 더불어 to-부정사의 용법도 이제부터는 공부할 필요가 없다.

몇 가지 예를 보자. To-부정사가 문장의 주어, 목적어, 보어 역할을 하면 명사적 용법이라고 배웠다. 또 형용사적 용법은 to-부정사가 명사를 꾸며줄 때라고 배웠다.

명사적 용법 : It is difficult to study English alone.(혼자서 영어를 공부하는 것은 어렵다. 명사 역할을 한 to-부정사)

형용사적 용법 : This is the best place to go during winter.(여기가 겨울에 가기가 제일 좋은 곳이다. 앞의 place를 수식하는 to-부정사)

이런 식으로 예문을 들면서 왜 명사적이고 형용사적인지 설명을 한다. 학교에서 영어를 처음 배울 때는 한 번씩 공부할 가치가 있을지는 모르겠지만, 앞으로는 이런 식으로 문장을 분석할 필요가 없다. 왜 명사적이고 형용사적인지 알 필요도 없고, 그런 설명보다 더 중요한 것은 많은 문장을 읽고 나서 자연스럽게 감각적으로 해석하는 능력이다. 이를 위해서는 물론 많은 글을 읽고 해석을 해봐야 한다.

To-부정사의 용법 중에 어려운 것이 부사적 용법이다. 이 용법에는 감정의 원인(~해서 ~하다), 결과(~하여 ~가 되다), 목적(~하기 위해) 등의 뜻으로 해석이 되는 경우가 있다고 영어 교재에 정리되어 있다. 그러면 학생들은 그 정리된 내용을 예문을 보면서 외운다. 그래서 시험에서는 문제의 보기 중 명사적, 형용사적 용법 사이에서 부사적 용법이 있는 걸 가려낼 줄 알면 된다. 즉, 문장의 유형만 알면 문제를 맞힐 수가 있다. 우리나라 시험문제에는 이런 "용법이 다른 것은?" 문제가 단골로 나오는데, 단지 변별력을 높이기 위해 이런 종류의 문제를 많이 낸다. 우리는 이런 문제에서 틀리지 않기 위해 부사적 용법의 예문을 익히고 다른 용법과 구별하는 법을 연습하는 걸 소위 "영어 공부"라고 알고 그동안 배워왔다. 순전히 용법 찾는 문제를 맞히기 위해서 해왔던, 영어 구사력과는 아무 상관없는 잘못된 영어 공부 방법이다.

많은 영어 교재에 보면 다음과 같이 부사적 용법을 소개한다.

목적 : I called to talk to you about your test.(당신의 시험에 대해 말하려고 전화를 했다.)

원인/이유 : She was glad to see you succeed.(그녀는 당신이 성공한 것을 보게돼서 기뻤다.)

결과 : She lived to see her grandson get married.(그녀는 자신의 손자가 결혼하는 걸 볼 정도로 장수했다.)

이런 문장을 보고 제대로 해석만 할 줄 알면 된다. 목적/원인/이유/결과라는 분류는 신경쓸 필요가 없다. 미국 사람도 저런 구분을 생각해본 적이 별로 없을 거다. 그런데 우리는 유형을 외우기 좋게 to-부정사의 용법을 저런 식으로 구분하여 열심히 외우고 문제를 풀어왔다. 우리만 아는, 일상 영어에서는 아무 필요가 없는, 영어에서 불필요한 지식을 열심히 공부해왔던 거다. 학교 졸업 후 직장이나 사회생활에서 아마 to-부정사의 용법을 생각하며 영어하는 사람은 없을 거다.

이제부터 영어 교재를 사서 공부를 한다면 to-부정사 용법의 예문을 해석만 하고 넘어가면 된다. 많은 영어 문장을 접하다 보면 to-부정사가 어떻게 해석되는지는 자연히 익히게 된다. 특수한 경우의 to-부정사도 어떻게 해석하는지 영어 글을 많이 읽어서 알게 된다. 영어 교재에 나온 예문들을 미리 다 외워서 되는 게 아니다. 이제 영어를 제대로 공부하고 싶다면 이런 한국식 공부 방법은 버려야 한다.

Ch 1-3

품사(Part of Speech)는 필수

반드시 공부해야 되는 내용은 품사

지금까지 한국식 영어 학습에서 불필요한 문법을 두 개 지적했는데 우리나라 영어 교재의 내용 중 버리지 말아야 할 것이 하나 있다. 바로 여덟 개의 품사다. 영어 문장에서 제일 중요한 "주어–동사 찾기" 다음으로 중요한 것이 이 여덟 개의 품사다. 품사에 대한 완벽한 이해가 영어 실력을 크게 좌우하므로 품사는 아주 중요한 문법이다. 품사를 가볍게 생각하면 문법은 계속해서 틀리게 된다. 품사가 중요한 또 하나의 이유는, 품사를 명확하게 이해해야 영어 문장을 쓸 때 문법 오류를 체크할 수가 있다. 품사를 잘 모르면 자기가 쓴 문장의 문법 체크가 잘 안 된다. 그래서 품사는 절대 대충 이해해서는 안 된다. 이 책에서는 각 품사에 대해 자세히 들어가지는 않겠다. 품사에 대한 기본적인 내용은 아무 영어 교재를 봐도 잘 나와있기 때문에 그 기본적인 내용은 일반 교재로 확실하게 익히도록 하고, 여기서는 각 품사에서 제일 중요한 철칙들만 몇 개 짚고 넘어가겠다.

아래 정리한 사항은 일반 영어 교재에 나오는 내용도 있지만, 새로 접하는 내용도 있을 줄로 안다. 아무튼, 이제부터 나올 내용은 철칙으로 생각해야 한다.

명사(Noun)

명사에서 제일 중요한 것은 명사의 수다. 글 속에서 명사를 보면 그 명사가 복수인지 단수인지를 항상 생각해야 한다. 문장 속에서 명사를 볼 때마다 자동적으로 이 생각을 해야 한다. 당연한 거 아니냐, 이게 무슨 철칙이냐고 생각하겠지만 문장을 읽으면서 이 간단한 철칙을 간과하는 사람이 너무 많다. 에세이를 쓸 때도 명사의 수에 대해 별로 생각하지 않고 쓰는 사람이 많다. 영어를 읽을 때도 이 철칙을 수시로 까먹어 체크를 안 하고 읽는 경우가 태반이다. 그래서 주어와 동사의 일치, 명사와 대명사의 수 일치 등에서 문법 오류가 많이 나온다. 영어 글을 쓸 때 단골로 틀리는 문법이 바로 수의 불일치다.

Leading scientists are often the kinds of person who have enjoyed intellectual challenges all their lives.

여기서 밑줄 친 단어는 모두 단수나 복수를 따져봐야 하는 명사 아니면 대명사다. 이 중에서 틀린 것이 하나 있다. 바로 person이다. 이 명사는 앞의 scientists와 관련이 있는 명사이므로 복수형인 persons 또는 people로 바꿔줘야 한다. 이런 식으로 문장 내의 모든 명사는 단수/복수를 꼼꼼하게 챙겨줘야 한다.

동사(Verb)

동사도 한 가지 철칙만 소개하자면, 동사는 한 개의 단어고(여러 단어가 합쳐져서 동사가 되는 경우는 없다), 또 ~ing형은 절대 동사가 아니라는 거다.

John said he was going to the game tonight.

이 문장의 뒷부분인 he was going to the game tonight에서 동사를 고르라고 질문하면 열 명 중 아홉은 was going 이라고 대답한다. 심지어 was going to까지 말하는 학생도 있다. 동사가 무엇인지 기본 개념이 안 잡혀서 이렇게 대답한다. 여기서 동사는 was이고 going은 현재분사로 여덟 개의 품사 중에서는 형용사에 해당한다. 이렇게 구분하는 게 뭐가 그리 중요할까라고 생각할 수 있지만, 이렇게 동사를 명확하게 한 단어로 짚을 수 있는 능력이 갖춰지지 않으면 길고 어려운 문장을 읽을 때, 특히 문장을 직접 쓸 때 반드시 문법 오류를 범하게 된다. 동사(본동사, 조동사), 현재분사, 과거분사가 있는 부분은 문장에 있어서 핵심적인 부분이라 이 부분의 분석을 잘해야 그 문장을 제대로 이해할 수 있다. 우리가 길고 복잡한 문장의 해석이 어려운 이유는 단어를 몰라서가 아니라(단어 뜻은 찾아보면 된다) 이 동사가 들어간 부분(동사구)을 확실하게 처리해주지 못해서다. 그리고 이 동사구를 확실하게 처리하려면 문장 안에 있는 동사를 정확하게 한 단어로 짚어낼 줄 알아야 한다. 동사 부분만 먼저 짚어낼 수 있으면 아무리 길고 복잡한 문장이라도 문장의 전체 구조가 한눈에 들어와 분석이 더 수월해진다. 예를 들어서,

The river of West Pakistan supplies water to the nearby tillers living on the river basin but they can not irrigate the famine areas 200 miles away.

이런 긴 문장이 있어도 처음 나오는 동사 supplies를 보고 "주어가 뭔가를 supplies 했다"로 앞부분의 틀을 갖춰놓고 문장 해석에 들어가야 한다. 그다음에 but(접속사)가 나오고 they(주어), can not(조동사의 부정형), 그리고 irrigate(동사)가 차례로 나왔다. 혹 irrigate라는 동사의 뜻을 모르더라도 can not 다음에 온 단어이므로 "irrigate 할 수가 없다"로 해석이 된다는 것을 알 수 있다. 그래서 전체적으로 정리를 해보면,

"주어가 뭔가를 supplies 하지만, 주어는 irrigate을 할 수가 없다"

라는 문장 전체의 틀을 갖춰놓은 후에 세부 내용으로 들어가야 한

다. 그런데 이런 틀을 마련하지 않고 뒤에서부터 차례로 해석만 하려고 하면 긴 문장의 경우 해석이 힘들어진다. 그래서 이 틀을 만드는 것이 중요한데, 이 틀을 만드는데 필수적인 것이 동사를 한 단어로 구분하는 능력이다. "동사는 반드시 한 단어다"를 꼭 명심하자.

대명사(Pronoun)

대명사에서 제일 중요한 철칙은 이거다. "문장 속에서 대명사를 보면 무조건 그 대명사가 가리키는 명사를 그 문장 안에서 찾을 것." 위에서 말한 명사의 수만큼 안일하게 생각하는 게 대명사가 가리키는 명사 찾기다. 그리고 대명사가 가리키는 명사의 수와 연결해서 대명사의 수도 생각해야 하는데 이런 것을 꼼꼼히 챙기지를 않는다. 그래서 시험 문제나 에세이를 쓸 때 대명사를 자주 틀린다. 앞서 사용했던 문장을 다시 보자.

The river of West Pakistan supplies water to the nearby tillers living on the river basin but they can not irrigate the famine areas 200 miles away.

여기서 they라는 대명사를 보면 자동적으로 이 대명사가 무엇을 가리키는지 먼저 찾고 넘어가야 한다. 여기서 they는 앞에 나온 복수 명사를 가리켜야 한다. 앞에 나온 복수 명사는 다행히 tillers(경작자, 농부) 하나밖에 없어 이 명사를 가리킨다는 걸 쉽게 알 수가 있다.

만약 복수 명사가 앞에 더 많이 나온다면 그때는 의미로 적절한 것을 찾아내야 한다. 문장에서 대명사를 본 즉시 그 대명사가 가리키는 명사를 찾는 확인 작업에 바로 들어가야 한다. 이 확인 작업을 잘 안 하고 대충 머릿속으로 생각하며 지나가는 사람이 아주 많다. 대명사가 가리키는 명사를 찾는 확인 작업에 습관을 들이지 않으면 문장 구조가 조금 복잡해지거나 문장 길이가 길어졌을 때 대명사와 명사의 연결을 잘 못 찾게 된다. 그럼 틀린 해석을 하게 된다.

그런데 이 철칙을 가볍게 생각하여 명사는 복수인데 문장의 뒷부분에서 그 명사를 단수 대명사로 받는다거나, 대명사가 가리키는 명사가 문장 안에 없는 문장을 쓰는 경우가 빈번하게 발생한다. 물론, 대명사가 가리키는 명사가 그 문장 안에 없는 케이스는 늘 있을 수 있다. 하지만, 일반적으로는 대명사가 가리키는 명사는 그 문장 안에서 꼭 찾을 수 있어야 한다. 이 철칙을 가지고 영어 글을 읽거나 쓰다보면 대명사가 생각보다 쉬운 품사가 아니고 매우 중요한 품사라는 걸 알게 된다.

형용사(Adjective)

형용사에 대해 여기서 강조하고 싶은 내용은 동사의 ~ing형(현재분사)과 과거분사형도 형용사라는 사실이다. 이 점은 꼭 명심해야 한다. 동사의 진행형과 과거분사형을 볼 때마다 "아, 이건 형용사다"라고 자동으로 머릿속에 떠올려야 한다. 그래서 완전히 형용사 취급을 해야 한다. 이 개념이 명확하지 않은 사람은 ~ing형과 과거분사형을 동사의 일부로 생각한다. 이렇게 되면 나중에 문법 분석을 해야 하는 경우에 혼란이 올 수가 있다. 다음 예문을 보자.

I am excited to see you.

여기서 동사는 am이고 excited는 과거분사인 형용사다. 두 단어를 묶어서 am excited를 동사로 생각하면 안 된다. 그런데 이렇게 생각하는 학생이 너무 많다.

I am trembling with fear.

여기도 동사는 am이고 trembling은 현재분사인 형용사다. 동사의 변형이 어떻게 됐든지(~ing, ~ed, ~en) 동사의 현재분사와 과거분사형은 문장 내에서 형용사이고 동사와 뚜렷하게 구별해야 한다. 이런 생각이 문장을 읽을 때마다 자동으로 떠오를 수 있게 연습해야 한다.

부사(Adverb)

부사가 동사, 형용사, 부사를 수식한다는 일반적인 사실 외에 한 가지 추가하고 싶은 내용이 있다. 혹시나 연결동사(linking verb)와 관련해서 혼동을 하는 사람이 있을지 몰라 그 내용만 소개하겠다.

보통 중학교에서 연결동사 뒤에는 반드시 형용사가 와야 하고 부사가 오면 틀리다고 가르친다. 예를 들어서,

She appears beautiful. (그녀는 예뻐보인다.)

여기서 appear가 be동사와 같은 역할을 하는 연결동사이기 때문에 뒤에 반드시 형용사가 와야 하며 부사가 오면 틀리다고 가르치는 경우가 있다. 그래서,

She appears beautifully.

라고 쓰면 틀리다고 한 중학교 선생님께서 채점한 학생의 시험지도 본 적이 있다. 그런데 이 문장은 사실 맞는 문장이다. 여기서 appears가 be동사가 아닌 본래 동사의 뜻인 "나타나다"로 쓰였기 때문에 뒤에 형용사가 아닌 부사가 와도 맞다. 뜻은 "그녀는 아름답게 나타나다"이다. 그러니까 위 두 문장은 뜻이 다를 뿐이지 appear라는 동사 다음에는 꼭 형용사가 와야 한다는 건 틀린 말이다. 여기까지는 쉽다. 좀 더 어려운 예를 하나 보자.

She smells bad. (그녀는 악취가 난다.)

She smells badly. (그녀는 냄새맡는 행동을 잘 못한다. 즉, 냄새를 잘 못 맡는다.)

두 번째 문장을 해석 못하고 아예 틀린 문장이라고 해버리는 사람도 많다. 그런데 두 문장은 뜻이 다른 것뿐이다. 위의 smells는 연결동사라 뒤에 형용사가 왔고, 아래 smells는 일반동사이므로 뒤에 부사가 왔다.

관사(Article)

부정관사 a/an은 불특정한 명사나 처음 소개되는 명사 앞에서, 정관사 the는 누구나 다 알고 있는 명사, 또는 이전 문장에서 언급했던 명사를 가리킬 때 쓴다. 명사 앞에 a/an인지 the인지 구분을 못할 때는 우리말로 해석했을 때 명사 앞에 "그"라는 말을 넣어보면 조금 더 쉽게 구분이 된다. 예를 들어,

I like an apple. "나는 사과 하나를 좋아한다."

여기서 사과는 특정한 사과가 아닌 일반적인 사과를 가리킨다.

I like the apple. "나는 '그' (또는 '저') 사과를 좋아한다."

여기서 사과는 이전에 이미 언급했던 사과를 말한다. 관사에서는 이 점을 제일 주의해야 하고 많은 사람들이 이 구분법은 알고 있으면서도 관사는 여전히 힘들다. 기본적으로 모든 셀 수 있는 명사(가산명사)는 관사가 있다는 생각을 하고 시작하는 게 좋다. 가산명사에 관

사가 없으면 뭔가 허전함을 느껴야 하는데 이게 좀처럼 감이 안 온다. 이건 사실 뾰족한 방법이 없다. 무책임한 얘기 같지만 글을 많이 읽어 보는 수밖에 없다. 그래서 입에 감이 와야 한다. 다만, 여기서는 상대방과 내가 함께 알고 있는 명사에 대한 언급을 할 때 정관사를 넣는 다는 사실과 모든 가산명사에 관사가 기본적으로 붙는다는 것만 명심하면 되겠다.

나머지 품사인 전치사와 감탄사에 대해서는 일반 문법책에 나온 것 외에 특별히 추가할 내용은 없다. 위의 내용은 내가 그동안 영문법, 영어 독해와 라이팅을 지도하면서 한국 학생들이 단골로 틀리는 치명적인 문법 오류를 고쳐주다가 알게 된 사실로, 한국 학생들이 문법을 자주 틀리는 가장 큰 원인이라고 생각해서 소개했다. 위에 소개한 품사에 대한 내용이 전혀 새로운 건 아니지만, 한국의 영어 교육에서는 위의 내용을 내가 생각하는 만큼 중요하게 여기지 않는 것 같아 여기에서 강조했다. 우리 영어 교육 시간에 저 내용을 강조하고 연습을 시키지 않기 때문에 학생들이 저 철칙들을 많이 등한시하게 되고, 그러다 보니 읽기와 쓰기에서 많은 문법적 오류를 범하는 거라고 본다. 또 각 품사의 정의에만 집중해서 공부했기 때문에 위에 설명한 내용을 잘 모르는 학생도 많았다. 위에 설명한 내용을 완벽하게 소화하면 문장 안에서 한 단어가 어떤 역할을 했는지 잘 이해가 되고, 그런 이해를 통해서 길고 복잡한 문장의 분석이 더 수월해질 수 있다. 하지만, 학생들 해석을 시켜보면 위에 열거한 각 품사에 대한 철칙들을 무시하고 해석을 하여 문장이 조금만 길어지면 해석이 힘들어지는 경우를 너무나 많이 봤다. 위에 강조한 품사의 기본 철칙은 확실하게 익혀야 그다음 단계의 영어로 올라갈 수가 있다.

Ch 1-4

단답형 대답

"문장으로 말해볼래?"

여기서 잠깐 회화 얘기로 넘어가 보겠다. 보통 회회하면 제일 먼저 떠오르는 말이 어휘력이다. 단어와 숙어를 많이 몰라서 회화가 어렵다고 생각한다. 틀린 말은 아니다. 하지만, 많은 단어와 숙어를 아는 것보다 더 중요한 것이 있는데, 그건 바로 동사의 활용이다. 주어와 시제에 따라 변하는 동사를 완벽하게 구사할 수 있어야 회화 실력이 빨리 향상한다. 그다음에 걱정할 것이 단어, 숙어 등의 표현이다. 먼저 갖춰놔야 하는 능력을 먼저 공부해야 하는데 우리는 거꾸로 생각했었다. 아무리 단어와 숙어를 많이 알고 있어도 주어와 시제에 따라 변하는 동사의 활용을 잘 못하면 회화를 잘하는 게 아니고 잘못된 영어를 계속 하게 된다. 그럼 이 동사의 활용을 잘할 수 있는 방법은 무엇일까?

미국 아이들이 한창 말을 하기 시작할 때 부모가 늘 하는 말이 있

다: "Can you say that in a sentence?(방금 한 말을 문장으로 해볼래?)"이다. 어릴 때는 아이들이 단어로만 말하기 때문에 부모는 아이가 제대로 된 문장을 말할 수 있도록 이렇게 연습시킨다. 우리도 아이가,

"물!"

그러면,

"아니, '엄마, 물 주세요.' 해봐."

이렇게 하듯이 미국 부모도 똑같이 아이에게 문장을 만들어보라고 시킨다. 아이가 문장을 만들어 가는 이 과정이 바로 동사의 활용을 습득해가는 과정이다. 이렇게 문장을 만들어봐야 동사가 주어와 시제에 따라 어떻게 바뀌는지 직접 체험하게 됨으로써 그 활용에 익숙해진다. 의문문, 부가 의문문, 주어 동사 도치, 과거시제, 3인칭 단수 주어 등 다양한 상황에서 동사를 적절하게 변화시켜야 하는데 문장을 완성시키지 않고서는 자연스럽게 익힐 수가 없다. 그리고 이건 외워서 할 수 있는 것도 아니다.

그래서 성인들도 영어회화를 할 때 어린아이가 문장을 완성하듯이 해야 한다. 아무리 쉽고 간단한 질문/대답이어도 문장을 꼭 완성해야 한다.

"Do you like coffee?"라는 질문에, "No."라고 짧게 대답하면 무례하니까 당연히 안 되는 거고, "No, not really." 또는 "Um, no."이렇게 하는 사람도 있는데 이런 것도 좋지 않다. "No, I don't." 최소

한 여기까지는 해야 하고, "No, I don't like coffee."라고 끝까지 다 해주는 연습을 해야 한다. 마치 오목을 둘 때 오목알이 5개까지 이어지지 않더라도 마지막 네 번째 알을 꼭 채우듯이.

다시 말하지만, 문장을 끝까지 말해야 하는 중요한 이유는 이렇게 해야 영어에서 제일 어려운 동사(조동사까지)의 시제를 잘 활용할 수 있게 된다. 이렇게 완벽한 문장으로 질문과 대답을 할 때 시제를 제일 많이 연습하게 되기 때문이다. 우리나라 사람이 회화에서 제일 힘들어하는 게 시제인데, 그 힘든 이유는 문장을 완성된 형태로 말하는 연습이 충분하지 않아서다.

"Where did you go yesterday?"
"Oh, to a movie."
"Oh yeah? Which movie theater."
"Uh, Jamsil CGV."
"What did you see?"
"Parasite."
"Did you like it?"
"Yeah."

본인이 네이티브 수준이 아니면 영어회화를 절대로 이렇게 하면 안 된다. 소위 미국의 "과일가게 아저씨 영어" 수준에서 많이 벗어나지 못하게 된다.

"How much is this?"

"텐 딸라.(Ten dollars)"

"Can I get a discount?"

"노, 노 디스카운. 텐 딸라 오어 유 고.(No, no discount. Ten dollars or you go.)"

"디스카운트 없어. 10불 아니면 가." 이런 영어를 하게 된다.

초보자가 영어하듯이 풀(full)로 대답하는 연습을 계속 해야 한다. 중급자여도 이렇게 대답하는 연습을 계속 해야 한다. 위 대화의 대답을,

"I went to a movie."

"I went to Jamsil CGV."

"I saw Parasite."

"Yes, I liked it."

이렇게 풀로 해야 한다. 동사와 조동사를 끝까지 완성시켜야 그 동사들을 많이 발음하게 되고 그래야 입에 동사의 활용이 자연히 붙게 된다. 그러다 보면 나중에 다른 문장을 쓸 때도 주어와 시제에 맞는 정확한 형태의 동사가 입에서 자연스럽게 나오게 된다. 동사의

활용을 이런 식으로 해서 연습량이 많아져야 점점 실수가 줄어든다. 이 동사의 활용만 완벽하게 할 줄 알아도 회화 실력은 금방 향상한다. 하지만, 문장을 풀로 말하지 않으면 그만큼 동사를 활용하는 횟수가 적게 되고 그로 인해 실력이 계속 비슷한 수준에서 오래 머물게 된다.

완성된 문장으로 대답하는 게 중요한 또 하나의 이유는 문장을 완성해야 그다음에 이어서 다른 얘기를 하고 싶을 때 접속사 등으로 연결해서 새로운 문장을 이어갈 수 있어서다. 단답형으로 대답해도 다음 문장으로 이어갈 수가 있긴 하지만, 제대로 된 영어가 아니고 어떤 경우는 어색한 영어가 될 수가 있다.

"Where did you go yesterday?"
"A movie and I met my friends for dinner."

회화에서 이렇게 대답했다고 크게 틀린 것은 아니지만, 이것보다는,

"I went to see a movie and then I met my friends for dinner."

처럼 문장을 완성시키는 연습을 하는 것이 회화 실력을 향상시키

는 데 아주 큰 도움이 된다.

회화에서 문장을 완성된 형태로 말함으로써 얻는 또 하나의 장점이 있다. 시제에 대한 감이 입에 배어야 나중에 영어 라이팅에서도 우리가 가장 많이 틀리는 시제일치의 오류를 줄일 수가 있다. 회화할 때 조동사나 동사부분을 반복하지 않으면, 즉 완전한 문장을 만들지 않으면 그나마 시제를 연습할 수 있는 기회도 그만큼 줄어든다. 그러면 시제를 계속 틀리게 된다. 문법 공부에서 배운 시제의 연습은 회화로 하는 것이 제일 좋다. 회화 상대가 없다면 미국 드라마나 뉴스를 시청할 때 이 부분에 관심을 가지고 보는 것도 아주 큰 도움이 된다. 회화할 때는 좋은 표현이나 많은 어휘력보다는 동사의 활용에 관심을 갖자. 그래야 회화 실력이 빨리 는다.

Ch 1-5

영어학을 위한 문법

영어는 학문이 아니고 언어

우리나라 고등학교 영어 인터넷 강의를 한번 보자. 분사구문을 설명하는데 나오는 문법 용어가 다음과 같다. 분사구문, 주어, 동사, 목적어, 목적보어, 가목적어, to 부정사, to 부정사의 의미상주어("to 부정사 앞에 for가 나오면 for 다음의 명사가 to 부정사의 의미상주어"), to 부정사의 목적어, 5형식 문장, 시제, 이어동사.("동사와 부사가 만나서 하나의 동사가 된 동사") 이렇게 12개의 문법용어가 나온다. 그런데 실제로 똑같은 분사구문을 설명하는데 필요한 문법용어는 분사구문, 주어, 동사, 목적어, to 부정사, 시제 등 6개 정도면 충분하다. 이렇게 해도 분사구문을 설명하고 이해하는 데 전혀 지장없다. 배우는 학생 입장에서는 벌써 저런 용어에서부터 영어에 흥미를 잃게 될 수도 있고, 실제로 그런 학생들이 생각보다 많다고 한다. 영어를 사용함에 있어서 필요없는 용어가 너무 많으면 배우는 입장에서는 별로 공부하고 싶지 않을 뿐만 아니라 시간 낭비가 너무 많다. 그리고 어차피 문법을 저렇게 많이 공부할 거면 이제부터는 문법용어를 아예 영어로 배우는 게 낫다고 본다. 분사구는 participial(modifying) phrase, 주어는 subject, 동사는 verb, 목적어는 object, to-부정사는 to-infinitive, 그리고 시제는 tense, 이런 식으로 말이다.

이와 같이 우리의 영어 교육에는 불필요한 한국식 영어 문법과 용어를 많이 가르친다. 안타까운 현실은 이게 영어 실력의 향상보다는 단지 영어 시험을 위해서 생긴 현상이란 거다. 다음은 내가 한 중학생과 실제로 나눴던 대화다.

학생 : "선생님, very bored라고 쓰면 틀리다는데요?"

나 : "누가?"

학생 : "저희 영어 선생님께서요."

나 : "왜?"

학생 : "Very 다음에는 p.p.(과거분사)를 쓰면 안 된다나 뭐라나…. Much bored 라고 써야 한다고…"

나 : "너희 학교 영어시험에 그 문제가 나오면 그렇게 쓰고, 그 외의 상황에서는 그런 거 신경 쓰지마. Your English teacher must be very bored.(네 영어 선생님이 너무 심심하신가보다.)"

이런 일이 교육현장에서는 실제로 일어난다. 영어라는 언어를 가르치기보다는 영어라는 학문을 가르치는 느낌이다. 학문은 그 분야의 학자만 공부하면 되지 언어를 배우는, 그것도 저렇게 어린 학생이 배울 필요는 없다고 본다.

또 하나의 예를 들겠다. 숙어를 배울 때 단골로 나오는 "look forward to + ~ing"가 있다. "~ing하기를 기대하다"라는 뜻이다. 다음은 이 숙어에 대해 라디오의 한 영어 교육 방송에서 실제로 나온 내용이다.

"많은 사람들이 to 다음에 동사원형을 쓴다. 왜냐하면 to를 보면 to 부정사를 생각하기 때문에. 하지만 저기서 to는 전치사이므로 명사나 명사 형태인 동명사가 와야한다."

물론, 저런 문법적 내용을 알아서 나쁠 건 없다. 하지만, 우리가 영어를 언어로 사용할 때는 저 to가 to 부정사의 to인지 전치사의 to인지 전혀 중요하지가 않다. 영어를 학문으로 공부하는 사람 아니면 저게 무슨 상관인가? 그냥 look forward to ~ing 이렇게 외우면 되지 저 숙어의 문법적 구성을 꼭 분석할 필요는 없다. 미국 사람도 저 to가 어떤 성격의 단어인지 생각 안 하고 평생 사용했으며 또 생각할 일도 없다. 그런데 우리는 저런 내용을 열심히 공부하고 테스트한다. 영어라는 언어보다 한국식 영어라는 학문을 가르치고 배우는 예이다.

우리나라 학교나 학원에서 아직도 이런 것을 가르치다보니 학생들이 저 숙어를 보면 먼저 생각나는 것이 전치사, 동명사, to부정사 등의 문법 용어이며 어떤 형태의 단어가 와야 되는지 고민을 하는 경우가 생긴다. 학교에서 애들끼리 답을 맞출 때나 선생님이 답풀이를 해줄 때 꼭 나오는 말이 "여기서 to는 전치사니까 동명사가 맞아. 동사원형은 틀려"이다. 미국 사람도 모르는 이런 한국식 영어 문법 설명은 영어를 하는 데 전혀 쓸모없는 내용인데 우리나라 학생은 열심히 배우고 있다. 그래서 문법 용어를 많이 사용하여 영어를 가르치면 시간 낭비라는 얘기다.

영어를 우리말 배우듯이 한 나라의 언어로써 배우면 되는데 영어를 언어가 아닌 학문으로, 그것도 우리식 학문으로, 그리고 시험 문제 출제용으로 가르치니 우리의 영어 실력이 좀처럼 향상되지 않고 늘 콩글리쉬의 그늘에서 벗어나지 못하고 있다. 그리고 아무리 학원을 많이 다녀도 영어 회화를 할 때나 영어로 글을 쓸 때 한국식 영어가 나오는 이유도 바로 영어를 언어로 배우지 않고 영어라는 한 교과 과목으로 배워왔기 때문이다. 약간 긴 문장을 쓰거나 읽을 때 본인이 문장의 형식을 먼저 생각한다면 한국식 영어 교육에 물들었다는 뜻이다. 앞으로는 이런 문장 형식이나 그동안 배웠던 한국식 문법을 먼저 생각하는 마인드세트(mindset)에서 벗어나야 한다. 이런 틀에 갇힌 시험 문제용 영어를 잊어버려야 한다.

Chapter

2

하지 않기

한국식 영어 공부법은
버려라

Ch 2-1

단어 암기

단어 공부하지 말고 책 읽기

이번 챕터에서는 한국식 영어 공부법에 대해 살펴보겠다. 그런데 공부법은 그 내용이 너무 방대하여 여기에 모든 것을 담을 수 없어 그동안 영어를 지도하면서 느꼈던 한국식 영어 공부법의 잘못된 점 중에 중요한 몇 개만 살펴보겠다.

한국 엄마들이 제일 먼저 하는 말

그동안 영어 교육을 하면서 많이 받은 질문 중에 하나가 단어 공부에 관한 거였다. 그런데 단어 공부에 관한 질문을 많이 듣다보니 한 가지 중요한 사실을 알게 됐다. 바로 우리가 가지고 있는 영어 단어 공부에 대한 큰 착각이다. 우선, 우리는 "영어 단어 리스트"가 영어 단어 공부의 바이블(Bible)인 줄 안다. 영어 단어 공부는 반드시 단어 리스트로 해야 하고, 이 리스트가 없으면 단어 실력을 키울 수 없다고 생각한다. 이건 완전히 잘못된 생각인데, 영어 단어는 글을 읽으면서 늘려야지 단어 리스트를 외운다고 늘지 않는다. 그럼에도 불구하고, 무조건 단어 리스트를 외우고 단어시험을 봐야 단어실력이 는다고 생각을 하는 사람이 대부분이다.

한번은 어떤 어머니께서 단어는 어떻게 공부해야 하냐고 질문하셨다. 이런 질문은 어느 어머니나 꼭 하시는 질문이다. 그래서, 이렇게 대답했다. "책이나 신문, 잡지 같은 글을 꾸준히 읽어야 합니다." 이 이후의 대화는 어떤 어머니와 대화를 하든 영락없이 이런 식으로 전개된다. 거의 예외가 없다.

"네, 물론 책을 읽어야겠죠. 그런데 단어 리스트도 외워야 하지 않을까요?"

"단어 리스트도 병행하면 나쁠 건 없죠. 그런데 책이나 글을 읽는 걸 먼저 하고 단어리스트는 추가로 하면 됩니다."

"네, 근데 애가 책을 잘 안 읽고, 읽을 시간도 부족하고, 그리고 단어를 어느 정도 알아야 책도 읽지 않을까요?"

"책을 읽으면 단어가 자연히 늘 텐데요."

"그래도 단어를 먼저 해야 어느 정도 읽을 수가 있잖아요. 단어도 모르는데 어떻게 읽을 수가 있나요?"

"그러니까 책을 읽으면서 모르는 단어가 나오면 그 단어의 뜻을 찾아보고 외우면 됩니다. 그럼 그 단어도 더 쉽게 외울 수가 있는데."

"네, 그 말씀도 맞지만, 그래도 단어리스트를 보고 먼저 외워야 더 많은 단어를 빨리 외울 수 있지 않을까요?"

"네, 그럼 아이에게 그렇게 하라고 하세요."

이렇게 생각하는 우리나라 어머니들을 도저히 이길 수가 없다. 한국의 거의 모든 학부모가 이렇게 생각한다. 이처럼 우리는 "단어 공부 = 단어 리스트"라는 강박관념이 있다. 그런데 재밌는 것은 학생의 부모만 이렇게 생각하는 게 아니다. 대학생이나 직장인도 영어 공부를 시작한다고 하면 단어를 외워야 하고, 그러기 위해서는 단어책을 사야 한다고 생각하는 사람이 거의 대부분이다. 그래서 꼭 좋은 단어책을 추천해 달라고 한다.

아기들이 말을 배울 때 단어를 먼저 외우고 말을 하게 되는 게 아니라 부모와 말을 하다보면 단어가 느는 것처럼 영어 단어도 읽다보면 늘게 돼 있다. 그런데 급한 마음 때문인지 몰라도 우리나라 어머니와 학생들은 영어책이나 글은 잘 읽지도 않으면서(시간이 없다며) 단어를 먼저 외워야 한다는 고정관념에 사로잡혀 있다. 바로 이 고정관념 때문에 우리나라 학생들이 영어 어휘력이 없는 거다. 안 되는 방법으로 계속 공부를 하니까 계속 안 되는 사이클을 반복한다. 물론, 단어책에 나온 단어 리스트를 외우면 영어 시험에 나오는 어휘 관련 문제(빈칸넣기)는 잘 풀 수 있다. 하지만, 그렇다고 해서 영어 어휘력이 늘지 않는다. 암기한 단어는 시험이 끝나고 시간이 어느 정도 흐르면 다시 반복해서 보지 않는 한 대부분 까먹게 돼 있다. 시험 문제의 보기에 나와있는 단어 중에서 빈 칸에 들어갈 단어를 선택할 수 있는 능력과 내 머릿속에 갖추고 있는 어휘력과는 큰 차이가 있다. 그런데, 이 둘을 같은 것으로 알고 있다. 단어를 많이 외워서 빈 칸의 단어를 쉽고 빠르게 고를 수 있는 걸 어휘력이 뛰어나다고 하면 안 된다. 다시 말해서, 내가 눈으로 봐서 단어를 인식하는 능력하고 내 머릿속에서 단어를 생각해 낼 수 있는 능력은 전혀 다르다. 그런데 우리는 전자를 어휘력으로 착각한다.

어휘력을 늘리는 방법에 대해서 미 캘리포니아 주립대학 버클리(University of California, Berkeley)에서 앤 E. 커닝햄(Anne E. Cunningham) 교수의 연구 "What Reading Does For The Mind(독서가 우리 뇌에 끼치는 영향)"가 유명하다. 이 연구에 의하면, 독서를 통해 얻은 어휘력은 절대로 학습을 통해 얻을 수가 없다고 한다. 인간의 단어 습득은 대부분 직접적인 학습보다는 간접적 언어 노출에 의해 이루어진다는 게 이 연구의 결론이다. 그런데, 우리나라 부모는 단어를 무조건 많이 외우게 하는 영어 학원에 아이를 보낸다. 실제로 전에 근무했던 학원에서 SAT단어를 하루에 80개씩 외우게 했더니(너무 많으면 어차피 다 못 외울뿐더러 조금이라도 제대로 외우게 하기 위해서), 학원으로 항의 전화가 왔다.

"다른 학원은 최소 150개 하는데 이 학원은 왜 고작 80개에요? 그래가지고 무슨 단어 실력이 늘겠어요?"

그래서 어쩔 수 없이 나도 150개로 늘렸다. 대치동의 한 SAT학원은 하루에 단어를 500개씩 외우게 했다. 그런데 가만히 생각해보면 80개, 150개, 500개가 중요한 게 아니다. 우리 아이가 옆집 아이보다 학원에서 단어를 몇백 개 더 외우면 그건 아이 엄마의 마음만 뿌듯하게 해줄 뿐이지 실제로 아이의 어휘력이 느는 건 아니다. 물론 학생으로서 시험을 위해 공부를 하니까 단어 암기를 안 할 수는 없지만 하루에 몇백 개씩 한다고 제대로 외워지는 게 아니다. 아무튼, 본인의 목표가 특정한 영어 시험이면 단어리스트를 가지고 단어를 외워야겠지만(하루에 500개씩 외우는 건 시간 낭비고), 목표가 영어 실력의 향상이라면 책이나 신문, 잡지 등의 글을 읽어서 어휘력을 늘려야 한다.

단어 리스트가 독이 되는 이유

단어 리스트를 공부하면 안 되는 이유가 또 있다. 어렸을 때부터 영어책을 많이 읽은 학생은 모르는 단어가 나온 지문도 독해가 어느 정도 된다. 모르는 단어가 있어도 글의 흐름을 따라갈 수 있고 그 흐름을 통해 모르는 단어의 의미를 대충 예상하며 독해를 계속 할 수가 있다. 반면, 단어를 많이 외운 학생은, 심지어 글에 모르는 단어가 없어도 독해를 제대로 못하는 경우를 많이 봤다. 내가 가르쳤던 학생 대부분이 그랬다. 참으로 흥미로운 것이, 이런 학생은 문장 속 단어의 뜻을 다 아니까 문장 자체는 해석을 할 수는 있는데, 그 문장이 무슨 말을 전하려는지 이해를 잘 못한다. 단순한 해석이 아니고 문장이 하고자 하는 말을 파악해야 글의 흐름을 이해하는데, 단어

뜻만 알아서는 이게 되지 않는다. 이렇기 때문에 단어 리스트를 가지고 단순히 단어만 암기하는 시간이 결국 독해력 면에서는 시간 낭비가 되는 셈이다. 다음 챕터에서 글을 읽으며 단어를 암기하는 법에 대해 설명하겠지만, 일단 단어와 그 예문을 외우는 시간에 차라리 글을 읽는 걸 강력하게 추천한다. 이렇게 하다보면 어휘력은 자연스럽게 따라오게 돼 있다. 그런데 대부분의 사람이 글을 읽는 것은 힘들기도 하고 귀찮고, 예문과 용법이 나와있어 외우기 좋게 구성된 단어책은 공부하기가 편하니까 단어책만 붙들고 외운다. 이건 절대로 잘못된 공부 방법이다. 이렇게 해서는 절대 영어 실력이 늘지 않는다. 영어 단어는 많이 알아도 영어 자체를 할 줄 모르는 가짜 어휘력이 생긴다. 마치 자전거에 대한 모든 지식은 갖고 있으면서 자전거를 탈 줄 모르는 사람처럼 가짜 지식을 갖게 된다. 우리는 지금까지 단어를 이렇게 공부해왔다.

우리는 왜 단어 암기를 좋아할까?

여기서 우리는 왜 그토록 영어 단어 암기를 중요하게 생각하는지 그 이유를 한번 살펴볼 필요가 있다. 우선, 우리의 영어 공부 방법 중에 문장의 빈칸 넣기가 많아서 그런 것 같다. 그래서 예전부터 빈칸에 단어 넣기 문제에 길들여져 있다. 또 각종 영어 시험에(예를 들어 미국 대학원 시험인 GRE) 단어조합 문제 등이 많이 나오면서 자연스럽게 단어 암기가 영어 공부의 중요한 방법이 된 것 같다. 이렇듯, 우리의 영어 공부가 그동안 너무 시험위주로 되다보니 시험이 아닌 일반 영어 실력 향상을 위해서 공부를 하려고 해도 꼭 단어 리스트를 먼저 찾게 되는 습관이 생긴 것 같다. 그리고 영어 공부에 대한 조언을 해줄 때도 꼭 단어 암기를 하라고 한다. 아마 이 책처럼 영어 공부할 때 단어 리스트를 외우지 말라고 조언을 하는 책은 한국에 거의 없을 거다.

어떤 영어 시험을 위해서 하는 단어 암기는 필수다. 그런데 영어 실력 향상을 위해 단어 리스트를 무작정 외우는 건 앞에서도 말했듯이 아주 잘못된 방법이며, 그것도 독서가 우선되지 않는 단어 리스트의 암기는 그 효과가 정말 생각했던 것만큼 나오지 않는다.(오히려 독해력 향상에 저해가 된다.) 글을 읽지 않으면 암기했던 단어는 시간이 지나면서 자연히 잊어버리고 기억에 남는 게 몇 개 안 되기 때문이다. 오늘부터 단어를 100개씩 외운다고 하면 1주일, 2주일, 또는 한 달 후에 그토록 많이 외웠던 단어 중 몇 개가 기억에 남을까? 외웠던 단어를 주기적으로 반복해서 외워주지 않는 한 몇 개 안 남는다. 글을 통해서 단어를 접하지 않으면 머릿속에 남는 단어는 생각만큼 많지 않다.

우리가 단어 리스트를 암기하는 공부법을 선호하는 또 하나의 이유에는 우리의 게으름도 한몫한다. 책을 읽는 건 쉽지 않다. 우리말 책도 읽기 싫은데 영어책은 더 읽기 싫다. 특히, 각종 디지털 기기로 둘러싸인 환경에서 책을 읽는 것이 더 어려운 활동(activity)이 됐다. 무엇보다도 독서를 통해서 어휘력을 기르려면 시간이 오래 걸리는데 그 시간을 끈기를 가지고 견뎌내기가 쉽지 않다. 단어와 뜻, 그리고 예문까지 친절하게 설명되어 있어서 그것만 외우면 되는 좋은 단어책이 얼마나 많은데, 그 좋은 자료를 놔두고 왜 지루하고 시간도 오래 걸리고, 읽어도 단어실력이 늘었다는 느낌도 빨리 안 오는 책을 읽는 고생을 해야 하나? 그리고 어느 한정된 기간에 몇백 개의 단어를 외웠다고 생각하면 본인 마음도 뿌듯하고, 마치 노력한 것에 대한 보상이라도 받는 느낌이 바로 든다. 단어 테스트로 공부한 결과도 바로 볼 수가 있고. 책을 읽어서는 이런 보상감도 안 느껴지고 결과도 잘 안 보인다. 결국 따지고 보면, 본인은 단어 실력 면에서는 효율이 떨어지는 방법으로 공부를 했지만, 심적으로는 뿌듯함을 느낄 수 있고 단기적인 결과가 눈에 보이기 때문에 그동안 단어 암기가 영어 공부라고 생각했던 것 같다. 이처럼, 효율 면에서는 아주 안 좋지만 공부했다는 느낌을 주는 공부 방법이 단어 암기다. 그런데 안타깝게도 이건 완전히 착각이다. 이 착각에서 하루빨리 벗어나야 한다. 영어 단어 실력을 향상시킬 수 있는 첫 단계가 이 단어책을 암기하는 공부법을 버리는 거다.

그동안 많은 학생들을 지도해본 결과, 책을 많이 읽은 학생은 당연히 단어를 많이 알지만, 단어를 많이 외운 학생이 책을 잘 읽는(독해가 되는) 경우는 단 한 명도 못 봤다. 책을 읽을 수 없으면, 그러니까 독해가 안 된다면, 단어를 3만 개를 외워도 아무 소용이 없다. 전쟁

터에 나가는 군인이 총알만 많다고 되는 게 아니다. 총을 제대로 쏠 줄 알아야 한다. 장전된 총이 바로 책이다. 그런데 우리는 그동안 총알을 계속 끌어모으기만 했다.

이번 기회에 영어 단어 공부에 있어서 이것만은 확실히 머리에 입력하자.

– 독서를 하면 독해력도 늘고 단어실력도 는다.
– 단어리스트를 외우면 단어실력도 안 늘고 독해력도 안 는다.

이건 영어 공부에 있어서 진리(truth)다.

사실, 우리가 영어책을 읽어야 한다는 걸 모르는 건 아니다. 그런데 초등학교의 영어 교육에서부터 독서왕보다는 단어왕을 선호하는 게 우리 영어 교육의 안타까운 현실이다. 저학년 때는 책을 많이 읽히기는 하지만 아마 3, 4학년 정도부터 영어 학원을 다니면서 단어를 외우기 시작해서 독서시간이 줄어들었다.(영어 유치원에서도 단어시험을 본다.) 일단 시험을 잘 봐야 하니까 단어 공부에 시간을 쏟을 수밖에 없다. 이런 시험 위주의 영어 공부를 수년 간 하고 행여나 미국 대학이라도 가게 되면 그때서야 비로소 영어 장벽의 높이를 실감한다. 한국 유학생의 대부분은 미국 대학을 가서 영어 충격을 받는다. 영어 독해와 작문이 안 돼서 휴학을 하거나 국내 대학으로 편입하는 유학생들이 생각보다 많다. 독서가 배제된 시험 위주의 공부, 특히 단어 공부는 그 폐해가 쌓이고 쌓여 이런 치명적인 결과를 초래한다. 유학을 안 간 사람도 나중에 영어가 필요할 때 비효율적인 방법인 단어 암기로 영어 공부를 시작하고 있다. 잘못된 영어 공부의 악순환이다.

영어는 이제 미국, 영국, 호주 등의 영미권 국가만의 언어가 아니라 글로벌 언어다. 인터넷의 콘텐츠가 대부분 영어다. 세상은 이렇게 바뀌었는데, 우리는 아직도 우리식의 공부 방법인 단어장을 외우고 있다. 그러면서 언론에서는 "우리는 영어를 왜 못할까?" 한탄만 하는 기사가 거의 매해 끊이지 않고 나온다. 또한, 획기적인 단어 암기법이나 "6개월이면 원어민처럼 읽을 수 있다"와 같은 단기 속성 과정을 광고하는 가짜 영어 공부법에 계속 돈을 내며 영어 실력이 늘기를 바라고 있는 사람도 많다. 영어 공부하면 "단어 암기"부터 떠오르는 마인드로는 절대 영어 실력을 올릴 수 없다. 이제 이런 생각에서 벗어나야 한다.

단어 리스트를 암기해서 생기는 일

다른 학원에서 SAT수업을 받다가 나한테 온 학생 중에 많은 학생이 이구동성으로 하는 말이 있다. 내가 알려주는 단어의 뜻을 처음 들어봤다고 한다. 우리가 학교나 학원에서 배우는 단어의 뜻과 미국에서 실제로 자주 쓰이는 단어의 뜻이 다르다는 것을 내 학생들을 가르치면서 많이 알게 됐다. 재미로 그런 단어를 몇 개만 살펴보자.

(앞의 뜻이 우리가 익히 알고 있는 뜻, 뒤의 뜻이 미국에서 많이 쓰이는 뜻)

apprehensive : 걱정하는 – 이해하는, 알아차리는

arrest : 체포하다, 잡다 – 정지하다

bent : 구부러진 – 성향

betray : 배신하다 – 드러내다, 나타내다

cause : 원인 – 목적

compromise : 타협하다 – 위험에 빠뜨리다, 손해를 보다

conscientious : 양심적인 – 성실한, 열심히 하는

cool : 멋진 – 냉담한

currency : 화폐, 통화 – 통용, 널리 쓰임

eclipse : 가리다 – 능가하다

economy : 경제 – 절약, 아낌

end : 끝 – (복수형)목적

means : 동사 mean의 3인칭 단수형 – 수단(명사)

patronize : 후원하다 – 단골이 되다, 애 취급하다

pedestrian : 보행자 – 무료한

personification : 의인화 - 상징

quaint : 이상한 – 옛멋이 풍기는

qualify : 자격이 되다 – 제한하다, 조건을 달다

reflect : 반사하다, 반영하다 – 곰곰이 생각하다

sanction : 제재 – 허가, 승인

slight : 약간 – 모욕, 무시

stock : 재고 – 진부한

trade : 교환하다 – 직업

want : 바라다 – 부족

yield : 양보하다 – 생산하다

이 단어들이 미국에서 어떤 뜻으로 자주 쓰이는지 모르는 학생이 예상 외로 많아 한 번 적어봤다. 그동안 영어 공부를 많이 한 학생도 이런 평범한 뜻을 잘 모르는 이유는 많은 글을 읽으면서 문맥에 맞게 단어 뜻을 익혀야 하는데, 시험 문제의 지문이나 단어장만 공부했기 때문이다. 단어장에 나온 한 단어의 모든 의미를 다 외우기는 힘들다. 그래서 글을 통해 익혀나가는 게 제일 효과적인 방법이다.

이 외에도 단어 리스트만 외워서 뜻을 완전히 잘못 알고 있는 단어들이 있다. 그중에서 대표적인 것이 self-conscious, condescending, game, spontaneous, subject, discipline, scholarship 등이다. 이중에서 특히 잘못 알고 있는 단어가 self-conscious인데, 이 단어는 "자기에 대해 의식하는, 자기 존재를 의식할 줄 아는"이라는 뜻이 아니다. 자기 단점을 너무 의식해서 남이 자신을 어떻게 볼까 지나치게 신경쓰고, 더 나아가서 자신에 대해 당당하지 못하고 남의 눈치를 많이 보는 사람을 가리킬 때 쓰는 단어다. She is very self-conscious라고 하면 자아의식이 강한 여성이 아니고, 항상 본인의 단점을 어떻게 하면 가리고 남들에게 좋게 보일까를 지나치게 신경쓰는 여성이다. 그래서 이런 여성은 오히려 자기 자신에 당당하지 못하다는 의미까지 내포한다. 우리가 흔히 생각하는 뜻과 정반대의 의미를 가지고 있는 단어다. 나머지 단어도 아래와 같이 뜻을 잘못 알고 있다.

Condescending : 사전에는 "겸손한, 저자세의" 뜻도 나오는데, 이런 뜻으로는 거의 안 쓰이고 "남을 깔보는, 자기만 잘난 줄 아는"이란 뜻.

Game : "게임"뿐만 아니라 "조작하다, 자기 이익을 위해 이용하다(game the system)", 그리고 "먹잇감"이란 뜻도 자주 쓰임.

Spontaneous : "자발적인"뿐만 아니라 "충동적인, 즉흥적인"

Subject : 과목, 대화주제, 실험/그림/사진의 대상, 국민 등 문맥에 따라 뜻이 달라짐.

Discipline : "훈련, 단련"으로만 아는데 "학과, 분야"라는 뜻으로 많이 쓰임. 예) interdisciplinary study 융합/복합 학문

Scholarship : "장학금"뿐만 아니라 "학문, 학식." 예) a man of great scholarship은 "대박 장학금(실제로 이렇게 해석한 학생이 있었음)"을 탄 사람이 아니고 학식이 많은 사람이란 뜻.

이런 예를 보면 미국에서 주로 사용되는 뜻과 우리가 흔히 알고 있던 뜻과 차이가 크다는 걸 알 수가 있다. 이런 현실 속에서 더 안

타까운 것은 학생들이 위에 열거한 일상적인 단어의 뜻도 잘 배우지 못했으면서 영어 학원을 가면 esoteric, mendacious, pundit, sycophant, ascetic, diatribe, raconteur, panache 등의 빈칸 넣기용 어려운 단어는 외우고 있다는 사실이다. 영어 글을 읽다보면 위에 열거한 일상 용어들의 뜻이 더 많이 나오기 때문에 어려운 단어보다 쉬운 단어의 다양한 뜻을 아는 것이 더 중요하다. 그래야 제대로 된 독해가 가능하다. 그런데 한국 영어 교육의 현실은 esoteric 같은 어려운 단어에 더 치중하다보니 학생들이 미국 일반인도 평소에 잘 안 쓰는 어려운 단어는 많이 알지 모르지만, 정작 평소에 많이 쓰는 쉬운 뜻을 몰라서 지문 독해를 잘 못하는 기이한 현상이 발생한다. 그것도 아주 빈번하게 발생한다. 학생에게 해석을 시켜보면 바로 알 수 있다. 이런 현상을 볼 때 우리는 살아있는 영어를 하는 게 아니고 죽은 영어를 배우고 있다는 느낌이 든다. 단어 리스트를 펼쳐 놓고 맨 위부터 단어와 뜻을 외우고 예문을 익히는 건 절대로 좋은 방법이 아니라서 나는 학생들에게 이 방법을 결코 추천하지 않는다. 다시 한 번 말하지만, 이건 시간 낭비라고 생각한다.

축구를 잘하려면 운동장에서 뛰면서 축구공을 계속 차야 하듯이 영어 단어 실력을 늘리려면 영어책 또는 영어 글을 계속 읽어야 한다. 아주 간단한 이치다. 평소에 밖에서 축구도 잘 안 하는 애가 헛다리짚기, 마르세유턴, 크루이프턴 같은 축구 기술만 배운다고 생각해보자. 그 아이가 축구를 잘하게 될까? 매일같이 운동장에서 공을 몰며 뛰어야 다리 근육도 생기고, 폐도 강해지고, 스피드도 생겨 축구 실력이 향상되는 것처럼, 어휘력도 영어 글을 매일 읽어서 영어를 이해하는데 필요한 두뇌 근육이 생겨야 영어 실력이 향상된다. 또 아무리 유명한 축구 선수의 축구교실을 다녀도 평소에 축구를 안 하면 잘할 수 없듯이 어떤 특별한 암기법(연상법, 그룹핑 등) 또는 교습법으로 수업하는 유명한 학원이나 강사를 찾아다녀도 자신이 영어를 읽지 않으면 별로 소용이 없다. 그런데 이런 사람이 있다. "시간이 없어 단기간에 효과를 내고 싶어서 단어를 외워요."라든지 "저는 단어 암기를 해야 공부가 더 잘 되요."라고 말하는 사람들. 이런 말은 전부 영어책을 읽기 싫다는 변명일 뿐이다. 오직 읽는 것 외에는 방법이 없다.

대치동의 유명 영어 학원에서 있었던 일

대치동의 어느 유명한 학원의 설명회에서 학원 원장이 SAT 샘플 문제를 직접 풀어준 적이 있었다. 본인 학원에서 가르치는 단어 수업이 타 학원의 수업보다 월등하다는 것을 보여주는 게 목적이었다. 그런데 문제를 풀어줬는데 답이 틀렸다. 물론 참석한 학부모들은 이 사실을 모르고 고개만 끄덕끄덕할 뿐이었다. 이 원장의 요지는, 자기가 가르치는 단어 학습법이면 영어 실력이 좀 떨어져도 어려운 단어 문제를 풀 수 있다는 건데, 정작 문제를 틀려 버렸다. 그 구체적인 방법이란 게 단어를 동의어, 반의어, 짝관계 등 그룹을 지어서 자기들만의 방법으로 외우게 하는 거였다. 이런 단어 그룹핑, 연상법,

어떤 특이한 법 등 각종 단어암기법들은 어느 정도 도움이 되긴 하지만 실제로 영어 실력과는 큰 상관이 없다. 단순 암기력 훈련일 뿐이다. 그리고 예제로 풀어준 문제는 단어만 안다고 풀 수 있는 문제도 아니다. 문장 자체를 꼼꼼히 이해해야 한다. 그럼 재미삼아 여기서 그 문제를 한 번 풀어보자.

Computer scientist Benjamin Jacob maintained that choosing a profession was a visceral decision rather than -------- judgment; in other words, it was not so much rational as --------.

A) a chance … opportunistic
B) an intentional … irrational
C) a deliberate … instinctive
D) an intuitive … impulsive
E) an emotional … intellectual

이 문장을 읽어 보면 마지막 줄에 "not so much rational as _____"가 있다. 이걸 먼저 인지해야 한다. 그리고 이 부분을 보고 저 빈칸에는 rational의 반의어가 와야 된다는 걸 알아야 한다. 왜냐하면 "not so much A as B"의 뜻이 "A라기 보다는 B이다"이므로 A와 B는 반대 개념의 두 단어여야 한다. 이 문제에서는 이게 핵심 포인트라서 이걸 모르면 이 문제는 절대 풀 수가 없다. 그 학원 원장도 A와 B가 반의어 관계여야 된다는 걸 몰랐기 때문에 오답을 골랐던 거다. 이 문제의 핵심을 파악하지 못하고 단순히 보기의 단어들만 알면 풀 수 있는 문제라고 생각했던 거 같다. 우리나라의 많은 영어 시험 학원이 단어 문제를 이런 식으로 가르친다. 이런 학원의 목적은 애들이 단어만 많이 외우게 하는 거다. 그래야 엄마들이 좋아서 등록을 하니까. 문제는, 문장의 제대로 된 해석없이 단어 그루핑 또는 그 이외의 특수한 방법으로 단어만 외우면 절대로 영어 실력이 늘지 않아 시험 점수도 잘 안 나온다. 그리고 이런 빈칸 넣기 문제도 분석해보면 단순한 단어 문제가 아니다. 보기에 나온 단어들만 테스트하는 게 아니고 문장의 특수한 구조까지 분석할 줄 아는지 테스트하는 매우 어려운 문제다.

계속해서 이 문제를 분석해보자. 이 문제에서 중요한 그다음 포인트는 바로 지금까지 얘기한 단어의 적절한 의미 파악이다. 이 문제의 단어들은 우리나라의 고등학생에게는 상당히 고급스런 용어들이다. Visceral, deliberate, rational의 뜻을 정확하게 아는 고등학생이 많지 않다. 정답인 C)의 deliberate를 넣으면 "deliberate judgment"가 되는데, 내가 가르쳤던 대부분의 특목고 애들도 이걸 "고의적 판단"으로 해석했다. 그런데 여기서의 뜻은 "고의적 판단"이 아니고 "심사숙고한 판단"이란 뜻이다. 이 뜻을 모르면 앞서 말했던 A와 B에 반의어 관계의 단어가 들어가야 한다는 사실을 알아도 정답을 못 고른다. 그래서 해석을 해보면 "직업을 선택하는 것은 심사숙고한 판단(a deliberate judgment)이기보다 직감적 결정(a visceral decision)이라고 벤자민 제이콥이 주장했다. 다시 말해서, 그 결정은 이성적(rational)이기보다 직관적(instinctive)인 거다."

이 문제가 이렇게 어려운 문제다. 그런데 이런 문제를 어떤 단어 그루핑의 방법으로 암기시켜서 풀겠다는 건 영어를 가르치는 게 아니다. 학생들 얘기를 들어보면 영어를 이런 수준으로 가르치는 곳이 한둘이 아니라고 한다. 이게 우리나라의 "단어 암기" 영어 교육의 실상이다. 그래서 단어를 어떤 특수한 방법으로 암기시켜주는 학원은 별로 추천하고 싶지 않다. 개중에는 어원을 통해 단어를 공부시키는 학원이 있는데 이 방법은 나쁘지 않다. 하지만, 이것도 한계가 있다. 역시나 어휘력 향상은 영어책을 읽는 것이 제일 좋을 뿐만 아니라 유일한 방법이라고 생각한다.

또 하나의 예를 보자.

"John Snider's road map to fame and success is rather an old one. The language is a little bit dusty, betraying its early twentieth-century origin."

Q : In the statement above, "betraying" most nearly means :

A) revealing

B) deceiving

C) corrupting

D) being disloyal to

E) disappointing

이 문제에서 물어본 betray라는 단어의 뜻을 사전에서 찾아보면,

1. 〈국가 · 동지 등을〉(적에게) 팔다
2. 배반하다; 저버리다, 등지다
3. 〈비밀을〉 누설하다, 밀고하다
4. a. 〈무지 · 약점 등을〉 무심코 나타내다; 드러내다
   b. [~ oneself로] 무심코 본성[비밀]을 나타내다
5. 속이다(deceive), 현혹하다

이렇게 다양한 뜻이 나온다. 이 중에서 위 문제의 betray에 해당하는 뜻은 4.a인 "드러내다"이다. 그런데 단어 리스트로 암기했다면 이런 경우 저 다섯 가지 뜻을 다 기억해 내서 그중에서 문맥에 맞는 뜻을 고를 수 있어야 한다. 이건 거의 불가능하다. 단어는 그 단어가 들어있는 문장을 통해서 익혀야 한다. 저 단어가 들어간 여러 문장을 읽다보면 저 단어의 여러 의미를 문장을 통해 익히게 된다. 물론, 이런 식으로 한 단어의 여러 뜻을 지닌 다양한 문장을 모두 접하려면 시간이 꽤 오래 걸린다. 많은 글을 읽어야 하기 때문에. 하지만,

이렇게 외운 단어는 잘 잊어버리지 않는다. 반면에 단어 리스트로 외운 단어는 문장을 통해 익힌 것이 아니기 때문에 시간이 어느 정도 지나면 많이 잊게 된다. 인간의 머리는 컴퓨터의 하드웨어가 아니기 때문에 주입식으로 외운 단어뜻은 오래 가지 않는다.

몇 년 전 미국 서던캘리포니아대(University of Southern California)의 스티븐 크라센(Stephen Krashen) 석좌교수가 한국 학생들의 영어 공부법에 대한 얘기를 한 적이 있었다. 그는 한국 학생들이 다른 나라 학생들에 비해 독서량이 적음에도 불구하고 PISA(국제학업성취도평가)에서 높은 읽기 성적을 받은 것은 정상적인 방법이 아니라고 했다. 즉, 학생들이 문제 풀이 연습과 단어 목록을 외워 높은 점수를 받은 것은 진정한 의미의 어휘력이 아니라는 얘기다. 그 교수 역시 독서가 영어를 배우는 유일한 방법이라고 했다. 그러면서 영어 소설만 100시간 이상 읽어서 토익 점수를 몇십 점 혹은 100점 이상 올린 케이스도 소개했었다.

나에게도 실제로 이런 학생들이 여러 명 있었다. 토플이 40점였던 학생이 한 명 있었는데 이 학생에게 내가 시킨 건 여름 방학 동안 80시간을 신문기사만 읽고 해석하는 거였다. 두 여름을 이렇게 공부시켰다.(총 160시간) 특별히 단어집을 외웠다거나 다른 학원을 다니지 않았다. 오로지 신문기사만 읽혔는데 160시간 후 토플이 80점이 나와서 미국의 워싱턴 주립대학(Washington State University)에 입학했다. 입학이 어려운 대학은 아니지만 이 학생에게는 저 대학도 쉬운 대학은 아녔고, 토플이 40점였을 정도로 영어를 못하던 학생도 영어 신문만으로 점수가 자연스럽게 올랐다는 건 의미하는 바가 크다. 물론 토플학원을 다니면서 점수가 비슷하게 오를 순 있다. 하지만, 저렇게 신문기사를 160시간 읽은 학생과 토플학원에서 시험 문제만 많이 풀어본 학생은 점수 면에서는 큰 차이가 없을 수도 있지만, 둘의 어휘력과 독해력에는 상당히 큰 차이가 있다. 내 학생은 미국 대학에서 수업이 가능했지만, 토플 학원만 다녀서 80점이 나온 학생은 수업을 바로 따라가기가 쉽지가 않다.

이처럼 어휘력이 향상되는 방법이 있는데 많은 사람이 그 방법은 힘들고 귀찮아서 안 하고 있다. 대신 편하고 쉽고 빠르게 하는 길을 택하지만, 결국 소요되는 시간과 들어간 비용을 나중에 따져보면 그렇게 효율적이지 않았다는 결론이 나온다. 그동안 이런 비효율적인 방법으로 영어를 공부했기 때문에 학교를 다니면서도, 또 학교를 졸업하고서도 영어 학원을 벗어나지 못한다.

단어 공부하는 방법

그럼 단어 리스트를 외우지 않고 단어 공부는 어떻게 해야 하나? 내가 학생들에게 제시하는 방법은 아래와 같다. 아주 간단하고 너무나 뻔한 방법이다. 그러니 누구나 할 수 있다.

1. 서점에 가서 본인 수준에 맞는 책을 고른다.

대형 서점에 가서 최소한 2시간을 자기 수준에 맞는 책을 찾아라. 그 영어책이 초등학생용 소설여도 상관없다. 본인 수준에 맞는 영어책을 찾아내는 게 제일 중요한 첫 과제다. 여기서 수준에 맞는 책이란 한 페이지를 읽을 때 모르는 단어가 계속 나와서 읽는 것에 끊김이 있더라도 전체적인 글의 흐름을 이해하는데 큰 지장이 없으면 그게 공부하기에 딱 좋은 레벨의 책이다. 모르는 단어가 거의 없다면 그건 너무나 쉬운 책이라 공부하기에 적당하지 않다. 모르는 단어가 조금 많이 나오더라도 사전으로 뜻을 찾아가며 읽을 때 스토리를 어느 정도 따라갈 수만 있으면 된다.

- 되도록이면 구어체가 많은 소설책으로 시작하는 것이 좋다. 처음부터 비문학(non-fiction)은 무리다.
- 영어 고전(classics)은 피해라. 옛날 영어로 영어 공부를 시작할 필요는 없다.
- 성인인 경우 청소년 혹은 초등학생용 소설책으로 시작해도 된다.

2. 읽고 모르는 단어는 표시한다.

위에 말한 수준의 영어책을 골라서 읽기 시작한다. 그리고 거기서 뜻을 모르는 표현이 있으면 형광펜으로 칠한다. 여기서 중요한 질문이 나온다. 모르는 표현이 나올 때마다 뜻을 찾으며 읽어야 하는지 아니면, 어느 정도의 분량을 읽고 나중에 한 번에 뜻을 찾아봐야 하는지에 대한 질문을 많이 한다. 정답이 있는 건 아니지만, 나는 모르는 표현이 나올 때마다 뜻을 찾는 걸 추천한다. 글의 내용을 이해하는데 중요한 의미도 모른 채 넘어가는 것은 영어 공부를 시작하는 단계에서 좋은 방법은 아니다. 그리고 어차피 영어 공부를 위해서 하는 독서이기 때문에 읽는 속도가 중요한 게 아니다. 읽는 속도가 좀 더디더라도 모르는 표현은 그때그때 찾으며 진행하는 것이 좋다. 시간이 걸리더라도 이렇게 시작해서 비슷한 수준의 소설을 몇 개 읽다보면 읽는 시간은 점점 빨라지게 돼 있다. 답답하더라도 참고 꾸준히 하면 된다. 처음부터 조급하게 생각할 필요가 없다.

3. 단어장 만들기

읽으면서 형광펜으로 표시한 단어는 하루 분량의 독서가 끝난 후 컴퓨터나 공책에 단어의 뜻과 함께 기록한다. 이렇게 만든 것이 본인의 단어장이다. 단어 공부는 앞으로 이걸로 하면 된다. 엑셀이나 구글 스프레드시트로 만들어 놓으면 관리가 편하다. 물론 노트에 쓰면서 공부하는 걸 좋아하는 사람은 당연히 노트에 쓰는 것도 좋은 방법이다. 어떤 방법으로 하든 읽은 책을 기준으로 본인이 몰랐던 단어를 기록한 단어장을 만들어라. 이렇게 하다 보면 읽은 책이 한두 개 늘어나면서 처음엔 몰랐던 표현들이 반복되고 나중에는 처음에 기록했던 단어 대부분이 익숙하게 된다. 이게 어휘력을 늘리는 방법이다. 절대로 시중의 단어책을 사서 그 안의 리스트를 외워 어휘력을 늘릴 생각은 하지 마라.

단어 공부는 이렇게 1, 2, 3번을 반복하면 된다. 그게 전부다. 물론, 위의 설명대로 내가 읽으면서 만든 단어장은 시중에서 파는 단어책보다 비교가 안 되게 초라하다. 시중의 단어책이 보기도 좋고, 예문도 있고, 깨끗하게 정리가 되어 있어 그 책으로 공부하는 것이 좋을 것 같이 느껴진다. 하지만, 이전에도 설명했듯이 그렇게 외운 단어는 큰 의미가 없다. 독서를 해서 얻은 단어가 내가 활용할 수 있는 단어다. 나의 어휘력을 구성하게 된다. 이 차이는 경험을 해보지 못한 사람은 알 수가 없다.

독서를 하면서 단어를 익히면 또 한 가지 큰 장점이 있다. 단어책에서 무작정 외우지 않고 어떤 문맥을 통해 익힌 단어이기 때문에 미국 사람들이 실제 생활에서 사용하는 뜻을 많이 알게 된다. 현재 살아있는 영어의 단어를 익히게 된다는 말이다. 이렇게 함으로써 우리가 잘못 알고 있는 단어를 바르게 알게 된다. 한국에서 완전히 잘못 알고 있는 단어 중 대표적인 예를 몇개 소개하겠다.

- Mannerism

우리는 흔히 "타성에 빠지다"라는 뜻으로 쓰는데 영어에서 이렇게 쓰인 경우는 한 번도 못 봤다. 우리가 흔히 손버릇이라고 할 때의 "버릇"이란 뜻으로 쓰인다. Her mannerisms really bug me, especially when she twitches her lips. (그녀의 버릇이 정말 짜증난다. 특히, 입술을 씰룩거릴 때)

- Skinship

일본영어에서 온 단어로 미국에서는 안 쓰는 표현이다. 이 단어 대신 physical touch가 무난한 표현이다. Even after a month of dating, she wouldn't allow any physical touch.(데이트한 지 한 달이 지났는데, 아직도 스킨십을 허락하지 않는다.)

- Compromise

"타협하다"로 알고 있는데 더 많이 쓰는 뜻이 "위험에 빠지다. 손해를 보다"이다. 타협이란 게 원래 서로 손해를 조금씩 보고 하는 것이기 때문이라고 생각하면 이해가 쉽다.(마지막 장에 이에 대해 더 자세한 설명을 하겠다.) "Ethan, get out of there now! Your location has been compromised!"(이든, 빨리 탈출해. 네 위치가 탄로났어 (위험해)!)

"John, how did you get the deal?"(어떻게 그 딜을 따냈니?) "Well, I had to compromise."(응, 타협을 좀 해야 했지.(즉, 손해를 좀 봤다는 뜻.))

- Qualify

"자격이 되다"로만 알고 있는데 "제한하다, 단서를 달다"라는 뜻으로 많이 쓰인다. 즉, 어떤 정해진 조건에 부합하는 능력을 갖췄으면 자격이 된다는 뜻으로 이해하면 된다. I love girls. Well, let me qualify that: I love PRETTY girls.(난 여자를 좋아해. 아, 좀 더 정확히 말하자면 (조건을 달자면), 난 "이쁜" 여자를 좋아해.)

- Betray

앞에 이미 나왔지만 “배신하다”로 알고 있는데 “드러내다, 폭로하다" 등으로도 아주 많이 쓰인다. 내가 숨기려고 했던 게 드러나서 내 의도를 “배신했다”는 뜻으로 생각하면 된다. Her smile betrayed her true feelings toward me. (그녀의 미소가 나에 대한 그녀의 솔직한 감정을 드러냈다.)

- Cause

“원인”으로만 알고 있는데 “목적”이란 뜻으로도 많이 쓰인다. We are doing this for a great cause. (우리는 위대한 목적을 위해 이 일을 하고 있다.)

- Deliberately

“의도적으로”뿐만 아니라 “여유있게, 신중하게, 찬찬히”란 뜻으로 많이 쓰인다. 의도적으로 한다는 게 깊이 생각을 해보고 하는 것이기 때문에 신중하고 찬찬히라는 뜻이 됐고, 또 신중하고 찬찬히 하는 건 여유를 가지고 한다는 뜻이기 때문에 “유유히”라는 뜻도 있다. He walked deliberately across the hall. (그는 여유있게 (여기서는 일부러가 아니고) 복도를 걸어갔다.) He was very deliberate in his writing. (그는 글을 아주 신중하게 썼다.)

위의 예 외에도 우리가 아는 사전적 의미와 다른 의미로 미국 현지에서 쓰이는 단어는 아주 많다. 그래서 단어장으로만 영어 단어를 외우면 미국 사람들이 주로 쓰는 중요한 의미를 놓칠 수가 있다. 하지만, 책에는 현재 사용하는 살아있는 영어 표현을 썼기 때문에 책을 읽어서 영어 단어를 익히게 되면 사전적 의미만을 공부한 것보다 더 정확한 의미를 배울 수가 있다. 이게 한국식 단어 리스트 공부와 미국식 독서를 통한 단어 공부의 차이이다. 문맥상에서의 의미를 모르면 생길 수 있는 오역의 예를 마지막 5장에서 소개하겠다. 우리나라에서 실제로 일어났던 일이다.

마지막으로, 내가 고등학교를 다니던 시절에 했던 단어 공부에 대한 얘기를 잠깐 하고 단어 얘기를 마치겠다. 그 당시 유행했던 아주 유명한 단어책이 하나 있었다. 거의 모든 학생이 봤던 것 같다. 그 단어책으로 단어를 아주 많이 외웠는데 분명한 것은, 그런 책으로 단어 암기를 해서 어휘력이 크게 늘었다는 기억은 없다. 100개의 단어를 외우면 약 30%의 단어만이 머리에 확실히 남았을 거다. 물론 그것마저도 시간이 지나면서 조금씩 까먹으니 늘 옆에 끼고 다니면서 반복적으로 외워야 했다. 그런데 그때 다양한 영어 매체를 통해 익혔던 단어는 그렇지가 않았다. 미국 TV 드라마를 보면서, 또는 당시 유명했던 오프라 윈프리(Oprah Winfrey) 토크쇼 등을 보면서, 또 팝송 가사와 신문, 책, 잡지 등을 읽으면서 눈과 귀로 익혔던 단어들은 기억에 오래 남았다. 미국 사람들이 쓰는 살아있는 표현을 이런 매체를 통해 많이 알게됐다. 이렇게 배운 표현은 단어 리스트를 보면서 하루에 100개, 200개, 500개씩 외운다고 알 수 있는 게 아니다.

영어 시험 공부를 하는 학생도 마찬가지다. 내가 학생들을 혼내는 것 중 하나는, SAT, TOEFL, GRE, GMAT을 공부할 때 시험 문제의 지문에 나오는 단어도 제대로 소화를 못했으면서 워드스마트(Word Smart)나 배런스(Barron's) 같은 단어책으로 몇 백, 몇 천 개의 단어를 외운다는 거다. 흥미로운 사실은, 이런 학생들은 저 단어책의 어려운 단어를 그토록 열심히 외웠는데도 시험 지문에는 여전히 뜻을 모르는 평범한 단어들이 많다는 거다. 그래서 영어 시험을 준비하는 학생은 저런 단어책의 단어보다도 연습 문제의 지문에 나오는 단어를 먼저 외워야 한다. 거기 나온 단어들이 더 중요하다. 나는 학생들에게 단어책은 본인이 공부하고 싶으면 하되 지문에 나온 단어들은 반드시 정리해서 외우게 한다. 앞에서 설명했듯이, 이렇게 지문을 통해서 외운 단어는 글의 문맥(context) 속에서 외운 것이기 때문에 기억에 훨씬 더 오래 남는다. 게다가, 워드스마트 같은 단어집의 단어를 전부 외웠다고 해서 지문이 잘 읽혀지는 것도 아니다.

정리하자면, 단어장은 본인이 글을 읽으면서 만든 단어장이 제일 좋다. 이걸 먼저하고 Word Smart같은 단어책은 시간이 남으면 추가로 하든지 하자. 단어 공부의 주교재는 영어책이어야 한다. 이제 어휘력을 늘리겠다는 생각에 단어책을 사러 가지 말고 그 시간에 영어책을 읽자.

Ch 2-2

CNN 리스닝

시사 영어보다 평범한 영어를 잘하자

예전부터 많은 사람이 영어 공부를 할 때 Times, CNN, The New York Times 등의 신문, 잡지 또는 시청각 교재를 주로 구입했었다. 매일 영자 신문을 읽거나 시사 영어 모임 또는 학원에 등록해서 리딩, 회화, 리스닝을 공부했었다. 이런 영어 공부가 나쁜 건 아니다. 하지만, 공부의 순서 면에서는 이게 맞는 방법인지 한 번 더 생각해 봐야 한다. 왜냐하면 본인이 영어 공부에서 얻고자 하는 것이 무엇이냐에 따라 이 방법이 맞을 수도, 틀릴 수도 있다. 우선, 영어 잡지나 신문으로 하는 공부는 본인이 미국의 정치/사회에 관심이 특별히 있거나 영어 실력을 어느 정도 갖춘 후에 하는 공부지 영어의 기본을 탄탄하게 다지고 싶을 때 하는 공부는 아니다. 기본적으로, 영어 독해와 작문 등의 능력을 먼저 키우고 싶다면 이런 뉴스 미디어의 영어는 좀 뒤로 미루는 게 좋다. 이런 영어보다 선행되어야 할 것은 미국의 생활 영어다. 그 이유는, 미국의 생활 영어를 잘 모른 상태에서 더 어려운 시사 영어를 하면 특정 분야에서만 사용하는 어휘와 스타일에 노출되고 그런 영어에만 익숙해진다. 그러면 기형적인 영어 지식을 쌓게 된다. 마치 헬스장에서 운동을 할 때 상체 운동만 하고 하체 운동은 안 해서 상체만 발달한 기형적 체형을 갖게 되는 것과 같다. 기본이 탄탄하고 영어의 전반적인 부분이 골고루 향상된 영어 실력을 키우지 못한다. 여기서 말하는 생활 영어는 스타벅스나 맥도날드에서 주문할 때 사용하는 극히 제한된 분야의 생활 영어가 아니라 미국 사람들이 일상에서 쓰는 전반적인 생활 영어를 말한다. 사용하는 장소가 스타벅스일 수도 있고, 우체국이나 학교 강의실일 수도 있고, 미국 가정에서 사용하는 영어일 수도 있다. 어떤 상황이든 미국에서 생활하면서 쓰게 되는 모든 영어를 말한다. 그 콘텐츠는 일반 사생활에 관한 얘기일 수도 있고, 취미나 기호에 대한 설명일 수도 있고, 특정 주제에 대한 강의일 수도 있다. 쉽게 말해서, 미국인과 일상적인 내용에 대해 자유롭게 대화를 하거나 글을 교환할 수 있는 영어를 말한다. 그런데, 위에 나온 Times, CNN, The New York Times, The Wall Street Journal 같은 매체의 영어를 주로 하다보면 생활 영어는 아직 부실한 상태에서 더 고급스럽지만 일상에서 덜 사용하는 스타일의 영어를 많이 배우게 된다. 이런 사람은 영어를 하더라도 정치인이나 학자, 관료들이 쓰는 격식있고 문어체 스타일의 영어를 더 많이 구사하게 되므로 영어를 공부하는 평범한 한국 사람으로서는 매우 어색한 영어 능력을 갖추게 된다. 일상 생활에서 쓰는 다양한 레벨과 종류의 영어에 먼저 익숙한 후에 특정 분야의 영어로 들어가야 한다. 장기적으로 봤을 때 영어 실력은 이렇게 향상시켜야 한다. 다시 말해서, 저런 뉴스 매체의 영어 공부가 나쁜 것이 아니고 영어 공부를 하는 순서가 틀렸다는 얘기다.

보통 국제 학회에서 발표할 때 보면, 한국 사람들도 영어 발표는 잘한다. 본인의 전문 분야고 발표 준비를 미리 했기 때문에. 그런데 발표가 끝나고 질의응답 시간에 주고받는 영어는 발표할 때보다는 조금 더 다양한 레벨과 종류의 영어가 커뮤니케이션에 들어오기 시작한다. 하지만, 이때도 본인의 분야에 국한된 영어이기 때문에 영어로 의사소통을 하는 데 큰 어려움 없이 진행이 가능하다. 여기서 더 어려운 영어는 학회가 끝나고 자신의 분야에 국한된 영어가 아닌 일상적이고 평범한 대화를 할 때 필요한 영어다. 이때 하는 일반적인 생활 영어가 오히려 발표할 때의 전문 분야의 영어보다 더 어렵게 느껴진다. 평소에 그런 영어는 안 했기 때문에. 요컨대 쉬운 영어를 못하고 어려운 전문 영어를 잘하는 기형적인 영어 실력을 갖추게 된다. 위에서 말한 "생활 영어" 실력과 특정 분야의 영어 실력의 차이를 볼 수 있는 상황이다.

어떤 제한된 분야나 특정 레벨의 영어를 하기 전에 일반 영어를 먼저 충분히 해야 한다. 그것이 진정한 영어 실력의 토대고 이 토대를 마련한 다음에 범위나 수준을 다른 분야로 넓혀나가는 것이 좋다. 이렇게 하면 특정한 분야의 영어로 들어갔을 때 영어 실력의 향상에 가속이 붙는다. 왜냐하면, 특정 분야의 영어도 그 베이스는 일반 생활 영어기 때문이다. 내가 이 책을 통해서 계속 말하고 싶은 것은 기본을 먼저 충실히 다져야 한다는 거다. 영어 문장에서 제일 기본이 되는 주어-동사를 완벽히 이해하고 문장의 다른 부분으로 이해를 넓혀가듯이, 기본적인 생활 영어 실력을 먼저 갖춘 후에 더 세분화된 정치나 사회, 문화의 분야로 나가는 것이 바람직하다.

이 점을 유난히 강조하는 이유는 많은 사람이 영어 공부를 할 때 지금까지 강조한 독서는 충분히 하지 않은 상태에서 바로 CNN이나 New York Times로 넘어가는 경우가 많기 때문이다. 미국 유학을 앞둔 학생들이 학기 시작 전 여름방학 때 뉴스 매체를 공부하려는 모습을 자주 본다. 직장인들 중에서는 이 성향이 더 강하다. 이렇게 하는 이유는 책만 읽는 공부는 지루하고 힘드니까 그러는 것 같다. 아무래도 뉴스가 주제도 더 흥미롭고 현재 일어나는 일에 대한 내용이고, 또 시청각 교재라서 그럴 수 있다. 그런데 이 유혹을 참고 영어책을 더 많이 읽거나 미드(미국 드라마)를 통해서 생활 영어를 더 공부해야 한다. 그럼 언제까지 영어책만 읽고 미국 생활 영어를 공부해야 하나? 그건 개인마다 차이가 있어 정확히 말하기는 어렵다. 하지만, 우선 영어책을 최소한 5권 이상 읽는 것을 첫 목표로 삼는 게 한 방법일 수 있다. 이것도 큰 숫자는 아니지만, 최소한 연속해서 영어책을 5권을 읽으면 처음보다 일반 영어에 대한 감은 몰라보게 달라진다. 이 5권에서 배우는 일반 영어 표현의 양이 어마어마하기 때문이다. 그러고 나서, 미국 생활 영어를 배울 수 있는 미드를 또 몇 시리즈 정도를 공부하면 좋다.(어떤 미드를 먼저 봐야하는지도 나중에 설명하겠다.) 저 숫자가 꼭 지켜야 할 정해진 숫자는 아니지만 최소한 저 정도로 생활 영어에 많이 노출된 후에 더 어려운 시사 영어로 넘어가면 좋다는 뜻이다. 처음부터 이런 영어책/생활 영어 공부와 CNN을 병행하면 안 되냐는 질문을 받는다. 병행해서 안 좋 점은 딱 한 가지: 영어책 읽는 것에 소홀해질 수가 있다. 공부의 순서를 책을 통한 일상 영어에서 뉴스를 통한 시사 영어로 넘어가라는 뜻이다.

재미없고 힘들고 인내력이 필요한 과정을 묵묵히 실행하는 과정은 언어 공부에 있어서 필수라고 생각한다. 그동안 해봤던 재미와 흥미 위주의 공부가 잘 안 됐다면 이제는 조금 힘들지만 더 확실하고 성숙한 방법으로 영어 실력을 쌓는 걸 추천한다.

Ch 2-3

토플/토익 공부

영어 시험을 위한 공부는 영어 공부가 아니다

영어 시험 학원의 문제풀이

영어 공부를 시작한다고 하면 토플이나 토익을 먼저 생각하는 사람이 많다. 서점에 가서 이런 시험 교재를 먼저 들여다본다. 특히, 영어에서 제일 어려운 독해를 잘하고 싶다며 토플이나 토익의 독해 교재를 들여다본다. 또 학교 졸업 후 한동안 영어 공부를 안 했다가 다시 시작할 때 토플이나 토익 학원을 끊는 사람도 있다. 이렇게 시작하는 것이 꼭 나쁘다고 할 수는 없지만 (아무래도 영어를 공부하게 되니까) 이건 제대로 된 영어 공부 방법은 아니다. 한동안 안 했다가 다시 마음잡고 공부하는 분위기를 조성하는 데는 도움이 되지만, 제대로 된 영어 공부를 하려면 영어 시험 교재나 학원에 의지하면 안 된다. 마음잡고 공부하는 분위기를 조성하는 데까지만 도움이 된다고 생각하면 된다. 그 이유는 다음과 같다.

토플이나 토익 학원을 가면 아래와 같은 문제를 풀게 된다.

문) 다음 문장의 밑줄 친 부분을 바르게 고친 것은?

If every society were completely self-sufficient and were run under a free-market economy, the world will be operated solely by the economics of supply and demand.

A) will be

B) would have been

C) was to be

D) was

E) would be

이 문제를 풀 때 우리나라 영어 학원(학교도 마찬가지)의 설명은 대략 이렇다.

"If every nation에서 nation은 3인칭 단수인데 were인 복수주어에 해당하는 be동사가 왔다. 이것을 보고 이 문장은 가정법이라는 걸 알아야 한다. 가정법이 아니고 직설법였다면 was가 와야 하니까. 그리고 과거동사 were이기 때문에 이건 가정법 과거다. 가정법 과거 공식은 'if + 과거, would + 동사원형'이다. 그러므로 정답은 would + 동사원형의 형태를 갖춘 E다."

이렇게 문장의 의미를 완벽하게 해석할 필요도 없이 정답을 맞힐 수가 있다. 위의 풀이가 틀린 건 아니지만, 이런 식의 문제 풀이는 영어 실력을 향상시키는 데 전혀 도움이 안 된다. 영어 문제를 푸는 실력을 키우는 데 도움이 될 뿐이다. 그래서 토익이 만점이 나와도 영어를 못하는 사람이 수두룩하다.(토플에는 스피킹과 라이팅의 비중이 크기 때문에 토플 만점자는 영어를 어느 정도 잘하는 사람이라고 볼 수 있다.) 진정한 영어 실력을 쌓고 싶으면 위 문장을 먼저 정확히 해석해야 한다. “만약 모든 사회가 완전한 자급자족을 이루며 철저한 자유시장 경제에서 운영된다면, 세계는 오직 수요와 공급에 의해서만 움직일 거다.” 이렇게 정확한 해석을 먼저 할 줄 알아야 한다. 왜냐하면, 이렇게 해석을 안 하면 이 문장의 핵심 포인트를 배우지 못하고 지나가기 때문이다. 이 문제에서 가장 중요한 포인트는 가정법의 공식이 아니고, 이 문장의 내용이 현실적으로 가능성이 희박한 내용을 말하고 있다는 사실이다. 이렇게 현실적으로 가능성이 희박한 상황을 가정할 때 쓰는 화법이 바로 가정법이다. 그래서 if절의 주어가 3인칭 단수이지만 was를 안 쓰고 be동사의 가정법인 were를 썼다. 이 문장이 왜 가상적인 얘기인지 먼저 파악하고 가정법 과거의 공식에 의해 뒤의 절에서 “would + 동사원형”이 와야 한다는 사실을 인지하면 된다. 이렇게 해야 이 문장을 완전히 이해한 거다. 하지만, 이 문제를 가정법 과거의 공식을 묻는 문제로만 생각해서 처음의 ‘학원식’ 설명대로 풀고 지나갔다면 가정법으로 이루어진 영어 문장을 이해하는 데는 아무 소용이 없는 문제풀이가 된 셈이다.

그럼 이런 자세한 설명을 아는 것이 왜 중요할까? 이런 설명없이 답을 충분히 맞힐 수 있는데 이런 것까지 생각해야 하는 이유는 뭘까? 단순히 기계적으로 답을 맞히면 나중에 가정법 과거인 문장을 또 접했을 때 이 문장이 왜 가정법으로 쓰였는지 그 배경을 이해하지 못한다. 이 배경을 모른다는 건 글쓴이의 의도를 이해하지 못했고 그 문장이 쓰인 문맥(context)도 이해하지 못했다는 얘기다. 가정법 과거로 쓰인 이유를 모른다면 그건 제대로 된 독해가 아니다. 또, 본인이 에세이를 쓸 때 가정법을 언제 써야할지 모른다면 현실적으로 가능성이 있는 일에 가정법을 쓰거나 현실적으로 가능성이 전혀 없는 일에 직설법을 쓰는 오류를 범할 수가 있다. 이렇게 '법(mood)'에 맞지 않는 문장을 쓰게 되면 읽는 사람이 그 문장을 오해하게 되어 본인이 전달하고자 하는 의미를 제대로 전달할 수가 없다. 그동안 가정법을 잘못 알고 있었다는 뜻이다.

이처럼 어떤 문장을 읽을 때 학원의 문제풀이식 영어 공부법으로 문법의 기술적 내용만 체크한다면 영어 실력은 거의 늘지 않는다. 위에는 문법 문제 한 개를 예를 들어 설명했지만 학원에서 지문 독해를 할 때도 마찬가지다. 절대로 지문을 한 줄씩 해석하고 분석하지 않는다. 지문에 관련된 문제만 풀고 그 문제와 연관된 지문의 내용만 조금 더 자세히 설명하고 지나갈 뿐이다. 만약 지문과 관련된 문제가 5개라면 그 긴 지문의 5곳만 집중적으로 분석하고 나머지 부분은 대충 넘어간다는 뜻이다. 한 지문을 이런 식으로 분석하고 넘어가면 그 지문을 완벽히 이해한 게 아니다. 또 이렇게 문제와 관련된 부분만 공부하고 넘어가면 지문의 다른 부분에서 얻을 수 있는 많은 영어 지식을 놓치게 된다. 한 지문에서 얻을 수 있는 영어 지식의 양이 100이라면 학원의 문제풀이식으로 분석하고 넘어가면 지문의 30 정도만 공부를 한 셈이 된다. 이런 식으로 지문을 여러 개 하다보면 놓치는 영어 지식의 양은 어마어마하게 된다. 한국의 공부 스타일은 지문을 여러 개 보는 것이 좋은 공부라고 생각하는데 절대 그렇지 않다. 한 지문을 몇 시간이 걸리더라도 완벽하게 이해하는 공부가 제대로 된 공부고 영어 실력을 제대로 향상시키는 공부법이다. 학원에서는 당연히 한 지문을 가지고 오래 설명하지 않는다. 왜냐하면, 학원은 영어 실력 향상이 목적이 아니고 문제를 맞히는 것이 목적이기 때문에 한 지문에 오랜 시간을 들여서는 안 된다. 오히려 학원 입장에서는 시간만 낭비하는 꼴이다. 흥미로운 것은, 수강생도 많은 지문의 문제 풀이를 원하고 한 지문을 깊게 분석하는 것을 싫어한다. 그래서 강사가 한 지문의 분석을 오래하면 오히려 학생 측에서 불만을 제기한다. 그리고 그 수업은 등록하는 수강생이 곧 없어진다.

지문을 분석해서 문제를 푸는 공부법 자체가 나쁜 건 아니다. 문제와 관련된 부분만 집중적으로 분석하기 때문에 수박 겉핥기식 공부가 되는 게 문제다. 이왕 말이 나온 김에 학원의 리딩 수업에 대해 조금 더 알아보자.

리딩(독해) 수업

그럼 영어 리딩(독해) 수업은 어떻게 하는 것이 좋을까? 15년 이상 영어 독해를 가르쳐본 결과 독해력 향상을 위한 이상적인 리딩 수업은 다음과 같아야 한다고 본다.

(1) 리딩 수업이란 수업시간에 학생이 읽는 수업이어야 한다. 강사가 앞에서 설명하는 수업이 아니고.

(2) 강사의 읽는 시간은 가능한 한 최소여야 한다. 학생이 읽어야 한다.

(3) 리딩 수업의 대부분은 문제의 답을 찾는 데 시간을 쓰는 게 아니라 학생이 읽는 데 시간을 보내야 한다. 리딩 수업은 지문을 읽고 지문의 내용을 묻는 문제를 푸는 시간이 되어서는 안 된다. 지문을 한 줄씩 읽고 이해하는 게 주가 되어야 하고 문제풀이는 엑스트라로 해야 한다.

(4) 강사가 외울 것만 가르치고 학생은 그 내용만 공부하는 형식의 수동적 학습으로는 독해력이 절대로 향상 할 수 없다.

(5) 리딩 수업에서 강사만 말을 하면 좋은 수업이 아니다. 학생에게 문장의 뜻을 물어보는 시간이 있어야 한다. 그래야 독해력이 향상한다. 헬스장에서 트레이너가 열심히 땀흘리며 운동하는 것을 내가 옆에서 지켜본다고 내 살이 빠지지 않는다. 영어 수업에서 강사가 시험에 나올 중요한 것만 알려주길 원하는 건 헬스장에서 트레이너가 운동하며 땀흘리는 모습을 내가 보기만 하면서 내 살이 빠지기

를 기대하는 것과 같다.

(6) 읽지 않고 단기간에 쪽집게 방법을 써서 리딩 점수가 크게 향상되었다면, 그건 그 시험의 리딩 점수가 오른 것이지 내 영어 독해력이 오른 게 절대 아니다.

(7) 리딩을 잘하려면 뇌의 힘, 즉 사고력을 키워야 하는데 이건 뇌운동을 해야 한다. 그 뇌운동이 바로 독서고, 이런 뇌운동을 시키는 수업, 즉 읽게 하는 수업이 진정한 리딩 수업이다.

(8) 한국식 리딩 교육의 문제는 학생이 혼자서 읽는 시간이 없고 강사가 알려주는 내용만 주입하는 형식이 전부라는 거다.

(9) 이런 문제 풀이식 영어 수업은 만약 점수가 오르면 마치 리딩 실력이 향상 된 걸로 착각하게 만드는 단점이 있다. 즉, 본인의 독해력을 제대로 판단해줄 수 있는 수업이 아니다.

(10) 리딩은 체력 훈련이고 리딩 수업은 이 체력 훈련을 시키는 수업이어야 한다. 그런데 학생과 학원 모두 힘든 체력 훈련없이 리딩 문제를 잘 푸는 방법만 가르치고 배우려 한다. 그리고 이걸 리딩 수업이라고 한다.

물론 한국의 사교육 여건상 위에 열거한 내용으로 하는 리딩 수업은 한국 학원에서는 거의 불가능하다. 개인 수업 또는 소규모 그룹 수업만 가능하며 무엇보다도 이런 수업에 대한 수요가 많지 않다. 우리나라에서는 영어 수업이라 하면 시험과 연결해서 생각하고, 또 문제푸는 걸 공부라고 생각하는 습성 때문에 이런 수업에 대한 수요가 적다. 이런 마인드가 기본적으로 깔려있기 때문에 영어 공부를 하는 사람들 대부분의 생각은 어떻게 하면 적은 노력과 시간을 통해 최대의 결과를 얻을 수 있을까에 집중되어 있다. 이런 "최소의 노력으로 최대의 효과"를 보려는 마인드는 언어 공부에 있어서 치명적이다.

이처럼 토플이나 토익 학원의 공부는 진정한 영어 공부가 아니다. 토플 또는 토익 시험을 위한 시험용 공부다. 물론 영어 시험이다 보니 영어 공부가 전혀 안 되는 건 아니지만, 제대로 된 영어 실력을 향상시키는 공부는 절대 아니다. 특정한 영어 시험을 위한 공부와 미국식 영어를 습득하는 공부는 다르다는 걸 명심하자. "이제 영어 공부를 시작해볼까?"라고 생각하는 사람은 서점에 가서 토플/토익 등 영어 시험 교재에 눈이 가서는 안 된다.

수영장과 바다

그동안 학생들에게 SAT(미국 수능시험)나 GMAT(미국 경영대학원 입학시험)의 리딩을 시켜 본 결과, 영어를 웬만큼 잘하는 학생도 글을 깊게 분석해 본 경험이 없다는 걸 알게 됐다. 그런 학생에게 지문 한 개를 몇 시간에 걸쳐서라도 깊게 분석하는 연습을 시킨다. 이렇게 하고 나면, 지문의 내용이 처음에 문제를 풀면서 읽었을 때와는 전혀 새로운 내용으로 다가온다는 걸 학생은 느낀다. 그러고 나서 문제를 풀면 왜 정답이 정답이며 오답이 오답인지 그때서야 뚜렷하게 구별이 된다. 이게 독해력의 향상이다. 지문을 깊게 분석하기 전에는 이 보기도 정답 같고 저 보기도 정답 같다. 왜냐하면, 출제자들이 깊게 분석 안 한 상태의 학생이 어떤 보기를 찍을지 잘 알기 때문에 그런 보기를 반드시 만든다. 그래서 어려운 문제는 답이 헷갈린다.

각종 영어 리딩 시험에서 성적을 올리는 최고의 방법은 지문의 깊은 분석이다. 지문을 많이 보는 게 아니고 하나를 제대로 깊게 분석하는 거다. 그런데 이렇게 안 한다. 가능한 한 많은 지문의 문제를 풀면서 정작 지문은 대충 이해하고 넘어간다. 우리나라는 문제를 많이 풀어야 독해력과 리딩 성적이 올라가는 줄 안다. 문제풀이 교육 시스템에 익숙해진 우리는 시험 문제를 풀어야 그 과목을 배운다고 생각한다. 또 문제를 많이 풀어야 공부가 많이 된 줄 안다. 문제 푸는 걸 배움(learning)이라고 생각한다. 이건 완전히 잘못된 생각이다. 학원에서 지문을 깊게 분석해주지 않는다면 본인이 지문 분석을 따로 해야 한다. 그래야 영어 실력이 는다.

영어 교육을 나는 종종 수영에 비교한다. 우리나라의 거의 모든 영어 교육은 잘 짜이고 단계별로 체계적인, 그리고 각종 비법과 전략으로 구성된 수영장 프로그램 같다. 이 프로그램의 참가자는 아무 생각없이 수영장에서 정한 커리큘럼대로 시키는 것만 잘 따라하면 된다. 수강생은 생각이란 걸 안 해도 된다. 이런 영어 교육을 우리는 그동안 받아왔던 거다. 그런데 영어를 실제로 쓰는 상황에서는, 예를 들어 미국 대학이나 회사에서 외국인과 해야 하는 상황은 수영장이 아니다. 바다다. 파도만 치는 게 아니라 급류도 있고 상어도 있고 폭풍도 있는 바다다. 이 바다에서는 수영실력 뿐만 아니라, 독자적으로 생각하고 판단하는 능력이 있어야 그때그때 문제를 헤쳐나갈 수가 있다. 그런데 우리 영어 교육에서는 이런 준비는 안 시킨다. 게다가 영어를 배우겠다는 사람도 바다에 나가기를 싫어한다. 시설 좋은 수영장에서만 배우고 싶어한다. 예쁘고 보기 좋게 만든, 잘 짜인 문제들로 구성된 교재의 문제를 풀면서, 앞에서 강의하는 내용만 잘 받아적어 그것만 외우면 영어 실력이 향상되는 착각을 한다. 수영장에서만 수영한 아이랑, 바다에서 수영한 아이랑 수영실력이 어떨까?

영어의 수영장식 공부는 이제 그만해야 한다. 시설 좋고, 멋진 강사가 있고, 샤워장도 갖춰졌고, 겨울엔 따듯하고 여름엔 시원한, 그리고 수영 교본이 있어 수영 문제를 풀 수 있는 그런 수영장식 영어 공부는 이제 그만해야 한다. 이렇게 준비해서 바다로 나가면 익사하기 딱 좋다. 사실, 이렇게 공부했기 때문에 바다로 나갈 엄두가 안 나는 거다. 우리나라 영어가 지금 겪고 있는 상황이 바로 이거다. 실제 영어는 바다에서 해야 하는데 한국의 영어 교육은 아직도 좋은 시설의 수영장에서 가르치고 이다. 한국 영어 교재 시장에서 만든 죽은 영어를 하지 말고(그건 시험 때만) 살아있는 영어가 담긴 글을 읽어야 한다. 영어 교재로 공부를 하더라도 문제 푸는 데만 시간을 쏟지 말고 지문을 깊게 분석하고 이해하는데 시간을 쏟아야 한다. 그래야 바다에 나갔을 때 수영을 할 수 있다.

학원에서는 영어를 가르치지 않는다.

"단어를 암기하지 않고, 추론을 할 수 있는 방법!"

어느 영어 학원의 광고다. 독서를 하지 않고 영어 어휘력을 늘리고 싶은 학생의 니즈(needs)를 직접 공략하는 전형적인 영어 학원의 광고다. 하루에 단어 500개를 외우게 하는 학원이 있었는데 이제는 단어를 암기하지 않고도 추론까지 할 수 있는 방법을 가르치는 학원이 생겼다. 물론 저거는 광고일 뿐이고 실제로 가능한 방법은 아니다. 저 방법을 자세히 들여다보면 문장의 구성이나 다른 쉬운 단어 등 여러 요소에서 힌트를 끄집어내어 추론을 한다는 방법이다. 그런데, 저런 방법을 터득하게 되면 과연 좋을까? 추론이란 것은 문장을 이해한 상태에서 해야 제대로 된 추론인데, 뜻을 모르는 단어가 있는 문장으로도 추론을 할 수 있다면 그건 영어를 제대로 이해하고 하는 추론이 아니다. 완전히 편법이다. 이런 편법은 문제를 풀 때는 유용할지 모르지만, 영어 문장을 제대로 공부하는 방법이 결코 아니다. 그리고 이런 편법은 언제나 통하는 게 아니다. 맞을 때도 있고 안 맞을 때도 있다. 결국 영어 공부면에서는 시간 낭비다.

앞에서도 말했지만, 학원에서는 SAT, ACT, GRE, GMAT, TOEFL 등의 리딩시험에서 점수를 단기간에 올리려고 문제를 많이 풀 게 한다. 문제를 많이 풀어서 점수를 올리려는 것도 사실은 편법이다. 문제 유형을 많이 풀어봐서 어떤 문제는 어떻게 풀어야 하는지 요령을 터득하는 것도 시험을 볼 때는 필요하다. 하지만, 단순히 문제를 많이 풀어서 점수를 올리려고 하는 것은 독해 실력과는 상관없이 점수를 올리겠다는 편법에 불과하다. 우리는 모두 이런 편법으로 공부하는 영어에 익숙해져 있다는 게 문제다. 학원 수업시간에 학생과 같이 지문을 해석하고 지문의 내용에 대해 질문하고 답하는 시간을 가지면 다음날 학부모로부터 항의 전화가 오는 게 한국 영어 교육의 현실이다.

"여기가 학교에요, 학원이지? 학원이면 학원답게 요점을 정리해서 아이가 실제 시험에서 단기간에 성적을 바짝 올릴 수 있게 해야죠. 한 문제라도 더 풀어야지 애들한테 질문할 시간이 있나요?"

이건 내가 실제로 받아본 전화다. 영어 독해를 어떻게 공부해야 하는지 모르는 학부모일수록 항의의 정도가 강하다. 학생도 마찬가지다. 질문하면 그 시간이 아깝다고 느끼며 불안해 하거나 심지어 내 질문에 짜증까지 낸다. 대학생과 직장인도 영어 공부를 할 때 문제를 풀고 싶어한다. 영어는 절대 그렇게 공부하면 안 된다. 해야 할 것을 제대로 안 하고도 목적을 이룰 수 있는 방법을 찾는 데만 관심 있는 문화가 교육계에 만연하다.

한번은 캐나다에 사는 한 학생으로부터 영어 라이팅 상담이 들어왔다. 캐나다에 있는 영어 학원을 다닌다고 해서 그 학원에서는 어떻게 가르치는지 물어봤다. 우리가 흔히 아는 서론(introduction), 본론(body), 결론(conclusion)으로 된 에세이를 쓰는데, 서론에서는 서술문(thesis statement)를 넣어야 하고, 본문에는 firstly, secondly, thirdly로 시작해서 각 문단마다 주제문(topic sentence)을 쓰고, 예를 들 때는 for example을 쓰고, 결론에서는 In conclusion, 하면서 서술문을 다시 재표현(rephrase) 하여 끝내라고 배웠다고 했다. 그리고 또 다른 영어 학원도 다녔었는데 거기서는 Firstly, Secondly, In conclusion 같은 정형화된 표현을 쓰지 말라고 했으며, 결론에는 자기 의견을 추가하라고 했다고 한다. 이것 외에는 이전 학원과 특별히 다른 게 없다고 했다.

그래서 학생에게 다시 물어봤다. 이미 많이 배우고 있는데 무엇을 더 원하냐고. 그랬더니 인트로를 어떻게 시작해야 할지 잘 모르겠고, 결론에 자기 의견을 어떻게 넣어야 할지 모르겠다고 했다. 그럼 학교에서 썼던 에세이를 가지고 다른 결론을 써보는 exercise를 해보자고 했다. 그리고 30분 동안 결론에 대해 질문과 답을 주고 받으며 그 학생과 토론을 했다. 수업을 이렇게 끝냈더니 학생이 놀라며 이게 다냐고 물었다. 그래서 그렇다고 했더니,

"그럼 이제 결론 어떻게 써요?"

라며 다시 나한테 되묻는다. 그래서,

"지금까지 30분 동안 우리가 나눴던 대화를 가지고 결론을 쓰면 되지. 그렇게 쓰면 너가 썼던 인트로를 재활용 한 거 보다 백배는 나은 결론이 된다."

이 예에서 보듯이 학생들이 영어 학원에서 영어 에세이를 쓰는 기술적인 방법을 많이 배우고 적용도 해보기는 하지만, 실제로 본인이 에세이에 담을 내용을 어떻게 만들어가는지는 연습을 못 해본다. 그래서 영어 에세이를 쓰는 방법을 다 알아도 실제로 에세이를 작성하는 데는 어려움이 많다. 다시 말해서, 기술(skill)은 배웠는데 실행(execution)을 못 해봤다. 이 어려움의 근본적인 문제는 학원에서 배우는 내용이 생각을 하는 부분보다는 기술적 지식을 습득하는 부분밖에 없기 때문이다. 실제로 영어 에세이를 쓸 때 큰 부분을 차지하는 것은 내용의 형성(development) 과정이다. 영어 라이팅에서는 이 과정에 많은 시간을 들여야 하는데 학원 수업에서는 현실적으로 이런 과정이 불가능하다. 어느 정도 하더라도 한계가 있다. 자신의 생각을 대화를 통해서 많이 다듬은 후에 라이팅을 해야 하는데, 그런 작업은 수행하지 않은 채 내용만 어느 정도 생각한 후 바로 글쓰기로 들어가기 때문에 글이 쉽게 써지지 않고 또 쓴 내용도 깊이가 없다. 서론, 본론, 결론의 형식에 맞게 써봤자 별로 좋은 글이 안 나온다. 이게 바로 전형적인 영어 학원식 교육의 문제다. 영어 자체를 공부하는 게 아니고 필요한 형식만 갖출 수 있도록 부수적인(peripheral) 내용만을 익히는 수준에서 배움은 끝난다. 그래서 라이팅 학원을 다녀도 실력의 향상을 별로 못 느끼게 된다.

Ch 2-4

헬스클럽 영어

최소의 노력으로 최대의 효과를 노리는 건 실패의 지름길

다른 공부도 마찬가지겠지만, 영어 공부하는 데 있어서 제일 큰 장애물은 바로 자신의 이기적인 마음이다. 여기서 이기적인 마음이란 최소의 시간과 노력을 들여서 최대의 결과를 얻으려는 마음을 말한다. 이건 그동안 우리나라의 교육시스템이 우리에게 심어준 아주 바람직하지 못한 공부 습관이기도 하다. 필수 단어, 최상위 빈도 단어, 기출 단어, 핵심정리, 엑기스, 족보 등의 말이 우리나라 공부법을 상징하는 표현들이다. 이런 표현은 모두 최소의 시간과 노력을 들여서 최대의 점수를 뽑아내야 하는 교육 스타일에서 나온 용어들이다. 그리고 우리는 여기에 너무 익숙해져 있다.

영어는 이렇게 공부하면 안 된다. 사실, 모든 언어의 공부가 그렇다. 단기적인 목표를 위해 잠깐 공부할 때는 필요할지 모르겠지만 기본적인 영어 실력의 향상을 위한 공부는 이렇게 접근하면 안 된다. 최소의 시간과 노력으로 최대의 효과를 내려는 마인드 자체를 먼저 버려야 한다. 이런 마인드는 식이요법과 운동을 최소로 하고 살을 최대한 빼겠다는 태도와 같은 건데 살을 이렇게 빼는 건 절대 불가능하다. 영어도 마찬가지다. 영어 공부를 할 때는 오히려 장기간으로 최대의 노력을 들여 최소의 효과라도 뽑아내겠다는 마음으로 해야 한다. 이게 무슨 말일까? 사람마다 다르겠지만 한 달, 두 달, 또는 그 이상을 열심히 공부했는데도 생각보다 실력이 많이 늘지 않았다고 느끼는 사람들이 있다. 이러다 보면 자기 자신에 대해 실망감도 생기고 공부할 자신감을 잃을 수도 있다. 그런데 이건 알고 보면 자연스러운 현상이다. 영어 실력이 조금 생겼다고 느낄 정도가 되려면 최소한 석 달 이상은 매일 끊김없이 열심히 해야 한다. 사실 눈에 띄는 효과는 6개월 정도는 매일 해야 조금 볼 수 있다. 우리가 또 잘못 생각하는 것이, 영어 실력의 향상 정도를 그래프로 그리면 상승곡선이 될 줄 안다. 아니다, 계단식이다. 몇 달을 아무리 열심히 공부해도 그 기간 동안 실력이 별로 늘지 않는 것처럼 느끼다가 어느 순간이 되면 실력이 살짝 향상된 걸 느끼게 된다. 예전엔 한 아티클을 제대로 읽는 데 1시간이 걸렸는데 어느 순간에는 거의 모든 아티클이 30분이면 읽게 된다거나, 미국 사람과 대화를 하는데 부담감이 확실히 덜 느껴진다거나, 또는 이메일에 한 문단을 쓰는데 30분이 걸렸던 것이 이제는 10분이면 쓰게 된다거나 하는 실력의 향상 말이다. 이런 느낌이 오려면 영어를 장기간으로 꾸준히 해야 한다. 독해, 문법, 라이팅, 리스닝, 회화, 그 어느 분야도 최소의 노력으로 최대의 효과를 얻으려고 하면 안 된다. 그건 아예 물리적으로 불가능하다. 물리적으로 불가능한 일을 가지고 왜 안 될까, 어떻게 하면 될까 고민하는 건 바보 같은 짓이다. 최대의 노력으로 최소의 효과를 얻더라도 꾸준히 포기하지 않고 하겠다는 마음가짐으로 공부를 해야 한다. 그 최소의 효과가 진정한 실력의 향상이다. 그 작은 변화를 위해서 많은 시간과 노력을 투자한다고 생각해야 한다.

그러면 최대의 노력으로 최소의 효과를 보려면 도대체 어느 정도로 공부를 해야 할까? 이 질문에 대한 답은 사람마다 상황이 다르기 때문에 일반화할 수는 없다. 그래도 그 동안 학생을 지도해본 경험에 의하면, 공부한 지 세 달 후에 자신의 실력이 향상됐다고 느낄 정도가 되려면 영어책을 하루에 최소 2시간을 읽는 생활패턴을 유지해야 한다. 시간으로 치면 대략 180시간이다. 이정도는 해야 비로소 조금의 실력 향상을 느낄 수 있다. 사실, 개인의 언어 능력이나 기존 영어 실력에 따라 차이가 날 수 있으므로 어떤 사람은 이런 시점에 도달하기까지 더 오래 걸릴 수도 있다. 하지만, 얼마가 걸리든 그동안 꾸준히 해서 실력의 점프를 느낄 수 있는 순간에 도달한 것이 중요하다. 이미 말했지만, 영어 실력의 향상은 절대 부드러운 상승곡선을 그리지 않는다. 계단식이다. 한동안 꾸준히 해야 실력의 향상이 어느 순간에 조금 보이고, 또 그 수준에서 한동안 꾸준히 해야 또 다른 실력의 향상을 느끼고, 이런 과정을 계속 반복하다 보면 결국 영어를 잘하게 된다. 실력이 계속 같다고 느껴질 때도 꾸준히 하는 게 중요하다.

많은 학생에게 이런 얘기를 해줘도 마음이 급해서인지 처음에는 내가 일러준 방법으로 시작을 하지만, 어느 정도 시간이 지나면 또 다시 어떻게 하면 최소의 시간과 노력을 들여 최대의 효과를 낼 수 있을까 고민하기 시작한다. 그리고는 비법이나 특별한 교재를 찾으려고 한다. 친구한테서 들었는데 이번에 새로 나온 독해책이 좋다느니, 단어집이 새로 나왔는데 용어 정리가 잘되었다는 둥 계속해서 여러 유혹이 들어와 공부 방법을 바꿔보려고 한다. 그런데 이런 마인드로 영어를 공부하겠다는 사람은 원하던 목표를 달성하는데 실패할 확률이 높다. 학원 수업이나 교재, 비법 등은 부차적으로 활용하고 주된 방법인 매일 읽는 공부가 이루어져야 한다. 살을 빼려면 헬스클럽의 어떤 프로그램에 등록하느냐가 중요한 게 아니라, 매일 정해진 칼로리의 식단과 운동을 오랫동안 꾸준히 이어가느냐가 중요하다. 헬스클럽의 GX나 PT 같은 짜인 프로그램은 추가적으로 도움이 되는 것이고, 주는 하루도 빠지지 않고 정해진 칼로리의 음식 섭취와 운동을 통한 정해진 칼로리의 소비다. 헬스클럽의 프로그램 때문에 살이 빠지기 보다 자신의 반복적 생활패턴이 살을 빠지게 하듯이, 학원의 수업 때문에 영어 실력이 향상 되기 보다 반복적인 읽는 행위가 장기간 이어지면서 영어 실력에 변화가 오는 거다. 진정한 영어 실력의 향상은 이렇게 해야만 가능하다.

우리는 그동안 같은 노력을 들여도 최단기간에 최대의 효과를 얻는 게 현명한 공부인 줄 알았다. 달리 말하면, 영어 실력 향상에 지름길이 있는 줄 알았다. 그런데 이런 마인드는 앞에서도 말했듯이 잘못된 것이며 장기간의 지루한 영어 공부 과정을 쉽게 포기하게 만드는 아주 바람직하지 못한 태도다. 장기간의 지루한 길을 피해서 쉽고 빠른 길을 통해 원하는 목표를 이루고 싶은 심정은 이해하지만 그런 길은 원래 없었으니 이제는 힘들고 오래 걸리는 길을 밟겠다고 마음을 먹고 영어 공부를 해야 한다. 영어 공부에는 지름길이 없다. 맞는 길만이 있을 뿐이다.

Ch 2-5

남 탓

늘 원인은 본인

한번은 어느 고등학생을 데리고 온 어머니와 이런 대화를 나눈 적이 있었다.

"저희 아이가 라이팅을 못하는데 어떡하죠?"

"아이가 책을 좀 읽나요?"

"아시겠지만, 우리나라는 초등학교 이후로 책을 읽을 시간이 없잖습니까. 그래서…"

"그럼 라이팅을 잘할 수가 없습니다. 어떤 책을 읽을지 먼저 정하라고 하세요."

"그래도 서론, 본론, 결론은 어떻게 쓰는지 알아야 되지 않을까요?"

"그런 거 쓸 줄 알아도 큰 도움이 안 됩니다. 머리에 들어간 게 있어야 글이 나오죠. 그리고 그런 서론, 본론, 결론 쓰는 법은 인터넷에 정보가 다 있어 온라인으로도 해결이 됩니다. 그런 기술적인 건 금방 배우니까 지금은 걱정 안 하셔도 되고요. 문제는 애가 쓸 내용이 머릿속에 없다는 거죠. 내용이 없는 껍데기 글쓰는 법을 배우면 아무 소용이 없습니다. 말은 할 줄 아는데, 할 말이 없는 거나 마찬가지죠."

"그럼 어떻게 해야죠?"

"오늘 당장 대형서점에 가서 최소 1시간 동안 자기가 읽을 책을 고르라고 하세요. 그래서 그 책을 읽기 시작하라고 하세요. 그리고 1주일 후에 다시 오세요. 아, 그리고 아이가 책을 고를 때 어머니께서 옆에서 '이런 걸 읽어야지. 그건 너무 쉽지 않니? 이거 요즘 많이 읽는다더라' 등의 의견 넣지 마시구요. 어머니께서 읽으실 거 아니니까요. 본인이 선택하라고 하세요."

이렇게 상담을 드리면 80%의 어머니는 토플이나 다른 영어시험 학원으로 간다. 그런 학원에서는 서론-본론-결론 쓰는 법을 가르쳐 주니까. 그리고 엄마 입장에서는 이런 식의 교육이 심적으로 안심이 되고 아이 관리하기도 편해서 이런 시스템에 아이를 맡긴다. 마치 백화점에서 물건을 고르듯이 영어 라이팅 공부법도 고른다.

그런데 그 어머니께서 다음 해에 또 오셨다. 이제는 정말 대학 준비로 발등에 불이 떨어진 상태에서 상담을 오셨다.

"저기, 저희 아이가 1년이 지났는데도 라이팅 실력이 크게 향상이 안 됐어요. 어떡하죠, 선생님? 지금 너무 시간적으로 급한데."

이렇게 병을 있는 대로 다 키워 시한부 인생을 만들어 놓고 이제 와서 의사보고 고쳐달라는 셈이다. 이런 학부모가 너무 많다. 대학생도 마찬가지다. 국내생, 유학생, 이과, 문과 학생 모두에게서 나타나는 공통적인 현상이다. 라이팅은 한국 사람에게 정말 치명적인 것 같다. 보통 이런 얘기를 하면 우리 교육에 작문이 없어서 그런 줄 안다. 하지만, 근본 원인은 책을 안 읽어서 라이팅을 못하는 거다.

영어 라이팅을 잘하고 싶다고 라이팅 학원을 다니면 안 된다. 영어 글을 먼저 읽어야 한다. 앞에서도 말했듯이, 영어 글을 읽음으로써 늘어나는 어휘가 라이팅에도 도움이 되고, 무엇보다도 남의 글을 많이 읽어봐야 글의 소재도 풍부해지고 라이팅 기술도 생긴다. 이렇게 영어 글을 많이 읽은 후에, 또는 읽으면서 직접 써보는 개인지도를 받아야 한다. 그런데 읽는 것이 귀찮고 힘드니까 앞서 말한대로 글쓰는 기술과 형식부터 배운다. 이런 글쓰는 법을 배우고 나서 독서를 많이 하면 그것도 나쁘지는 않다. 그런데 글을 안 읽는 상태는 글쓰는 법을 배우고 나서도 계속된다. 결국 글쓰는 방법만 계속 배우고 다닌 셈이다. 그러면서 한 학원을 다녔는데 라이팅 실력이 늘지 않았다며 다른 학원으로 옮기고, 또 결과가 안 나오니까 다른 학원으로 간다. 이렇게 여러 학원을 거쳐서 나에게 온 학생이 아주 많다. 모두 영어 라이팅을 못하는 근본적인 문제는 해결 안 하고 수박 겉핥기식 라이팅 훈련만 받고 오게 된 학생들이다. 서론, 본론, 결론을 형식에 맞게 쓰고, 그럴 듯한 표현도 많이 안다. 어떤 학생은 아주 멋진 표현에 그럴 듯하게 글을 잘 쓴 것 같은데, 알고보면 그런 멋진 형식에 담긴 내용은 빈약하다. 한 주제에 대해서 10명의 학생이 쓴 에세이를 보면 8에서 9명은 거의 비슷한 내용이다. 각자의 독립적이고 독창적인 지식과 생각에서 나온 글은 거의 없다. 다 남들이 생각하는 것에서 크게 벗어나지를 못한다. 개중에 책을 많이 읽은 학생 한두 명 정도에서 괜찮은 에세이가 나온다.

이렇게 책을 안 읽은 상태로 지내다가 영어 라이팅이 필요한 시점이 되면 그때 또 라이팅 학원을 찾아간다. 영어 라이팅이 안 되는 이유는 라이팅을 잘 배우지 못해서가 아니고 본인이 리딩을 하지 않아서다. 맛있는 요리는 먹어보지 않으면서 레서피만 계속 배우고 다닌 셈이다. 그러면 맛있는 요리를 절대 못 만든다. 늘 원인은 리딩을 안 한 본인에게 있다. 학원이나 레서피 탓이 아니다.

Chapter
3

So What?

(그래서 뭐?)

Ch 3-1

그럼 어쩌라고?

영어를 공부하자

지금까지 우리나라의 잘못된 영어 공부와 수업에 대해 알아봤는데, 그럼 영어 공부를 어떻게 하란 말인가? 사실 전혀 새로운 건 없다. 우선은 읽어야 한다. 학원 리딩 시간에 문제를 풀기 위해 지문을 읽는 것도 당연히 해야 하지만 그것 외에 영어책을 따로 읽어야 한다. 그것도 매일 읽어야 한다. 여기서 읽기를 세부적으로 어떻게 해야 하는지는 크게 중요하지 않다. 앞서 말했듯이 일단 본인 수준에 맞는 책을 골라서 읽기 시작해야 한다. 시중에는 영어책을 읽을 때 어떻게 읽어야 하는지 세부적인 내용을 가르치는 많은 영어 교재들이 있는데 개중에는 좋은 교재도 있겠지만 나는 이런 교재에 너무 의지하지 않았으면 한다. 몇 개월만에 원어민처럼 읽을 수 있게 도와주는 교재도 있다는데, 어떤 특별한 방법을 사용하여 영어 읽기를 도와주는 교재보다 혼자서 전통적인 방법으로 책을 읽을 것을 추천한다. 이런 말을 하는 이유는 누가 미리 짜놓은 프로그램에 몸을 맡겨 공부가 잘 되도록 하려는 습관에서 벗어나 자기만의 방법을 만들어가는 게 중요하다고 생각해서다. 어떤 전문가나 권위(authority)가 제시하는 특별한 방법으로 한다고 해도 그게 본인에게 최선의 방법이 아닐 수 있다. 이 책에서도 공부하는 방법을 규정해 주기는 하지만,(예를 들어 단어공부는 어떻게 해야 하는가?) 그건 영어 공부를 하는 사람 모두가 반드시 지켰으면 하는 기본적인 내용일 뿐이고 그 외는 각자가 본인에게 맞는 방법을 스스로 찾아서 하면 좋겠다.

제일 중요한 것은 각자의 능력과 스케줄에 맞게 매일 조금씩이라도 영어를 읽는 거다. 이것만 지키면 본인 레벨에 맞춰서 소설책을 읽든 역사책을 읽든 책의 종류는 중요하지 않고, 하루에 한 페이지를 읽든 다섯 페이지를 읽든 그 분량도 생각보다 중요하지 않다.(물론 많이 할수록 좋긴 하지만) 소설 같은 문학책은 문학책대로, 역사책같은 비문학책은 그 나름대로 강조하는 영어 단어와 표현이 있어 그 효과가 다르므로 각자 필요한 종류의 책을 고르면 된다. 또 하루에 많이 읽은 사람과 적게 읽은 사람의 실력 향상 속도에 차이가 나겠지만, 매일 조금씩 어떤 글이어도 각자 상황에 맞게 영어를 읽는 것이 중요하다.

이런 조언에 또 이렇게 대답하는 사람이 있다. "책을 읽어야 하는 걸 누군 모르나? 다 알지만 여건상 하기 힘든 사람도 있다. 그래서 좀 더 잘 되고, 효과적인 방법을 알고자 한다." 이런 사람에게 내가 해주고 싶은 말은 그런 효과적인 방법을 찾지 말라는 거다. 어떤 비법이나 특별하게 효과적인 방법을 찾으려고 하지 말고, 쉽게 말해서 무식하게 시작해봐야 한다. 영어 공부가 힘든 사람들의 특징이 어떤 특별한 방법, 같은 양의 노력을 들여서 더 많은 결과를 내는 방법을 찾으려고 한다. 쉽게 시작하고 싶거나, 재미있게 시작하고 싶거나, 자기가 능동적으로 할 수 없으니 자기를 끌어줄 공부 방법을 찾는 사람들이다. 마치 살을 빼기 위해 헬스장을 가야 하는데 본인이 능동적으로 못하니까 누가 끌어주길 바라는 것처럼 수동적 태도로 공부를 하려고 한다. 이런 사람들을 위해서 지금까지 효과적인 영어 공부 방법이라며 수많은 교재와 프로그램이 나왔고 지금도 계속 나오고 있다. 왜 계속 나올까? 지금까지의 방법이 다 틀려서일까? 그동안 여러 가지 영어 공부 방법을 시도해봤는데 그중에 효과적인 것도 있었고 비효율적인 잘못된 방법도 있었을 거다. 이제는 이런 특별한 방법에 너무 신경쓰지 말자. 실행에 신경을 쓰자. 그리고 방법은 본인이 공부를 하다가 조금씩 변형시켜서 상황에 맞게 맞춰가는 것이지 처음부터 어떤 특별한 방법으로 시작할 필요는 없다. 본인이 계속 이끌고 나갈 수 있는 본인만의 방법이 제일 좋다.

서론이 너무 길었는데 그럼 실제로 어떻게 해야 할까? 오늘 당장 서점에 가서 본인의 수준에 맞는 영어책을 고르는 행위를 실천에 옮기자. 그런데 오늘 못 골라도 상관없다. 서점에서 1시간이든 2시간이든, 아니면 단 30분이라도 자기 수준에 맞는 책을 찾는 행위부터가 도움이 되는 영어 공부다. 오늘 못 골랐으면 내일 또 하자. 책을 찾는 작업이 오래 걸려봤자 1주일이다. 1주일 후부터 책을 읽는다고 전혀 늦어질 게 없다. 책을 찾는 행위 자체가 영어 공부라고 생각하고(실제 그렇기도 하고) 실행하자. 자기 수준에 맞는 책을 골라서 읽고 단어 공부하는 법은 앞장에서 정리해놨으니 그것을 토대로 책을 하나씩 읽기 시작하자. 영어책을 읽는 데 있어서 세부적인 실행 방법은 앞서 말한 단어장 만드는 법 외에는 특별히 없다.

라이팅은 리딩과는 많이 다르다. 우선, 혼자서는 할 수가 없다. 영어 라이팅은 반드시 도움을 받아야 하는데 보통 원어민(native)의 도움을 받아야 한다고 생각한다. 그런데 한국 사람에게 영어 라이팅으로 제일 큰 도움을 줄 수 있는 사람은 이중언어를 할 수 있는 bilingual인 사람이다. 언어는 문화이기 때문에 한국의 말과 정서를 모르는 사람보다 아는 사람이 도와주는 것이 더 효과적이다. 원어민의 도움은 자신의 영어 수준이 어느 정도 높아졌을 때 받으면 좋다. 처음에는 우리말과 영어를 둘 다 네이티브 수준으로 하는 사람이 이상적이다. 물론, 이런 이중언어를 할 수 있는 사람을 구할 수 없을 때는 당연히 원어민한테 받아야 하는 게 맞다. 아무리 국내에서 영어 전공을 했고 영어를 잘한다고 해도 라이팅은 미국 문화를 경험해본 사람이어야 한다. 그래야 영어 라이팅에서 배울 수 있는 미국 문화, 특히 미국 사람의 사고방식을 배울 수가 있다. 예를 들어, 자기 소개서를 쓸 때 한국 사람은 자신의 업적을 너무 과소평가하거나 아니면, 자랑을 한다며 너무 과대평가를 하는 글을 자주 본다. 이건 미국 문화에서 자랑을 어떻게 하는지 몰라서 나오는 오류다. 미국 문화는 자신의 PR(홍보)을 자신있게 하는 문화라고 많이 들어왔지만, 그들 문화에서도 자기 자랑을 제대로 하는 법이 있다. 이런 것은 당연히 미국 문화를 모르는 사람에게서는 배울 수가 없다. 이렇게 원어민 또는 bilingual 수준의 도움을 받는 수업 외의 모든 라이팅 수업은 큰 효과는 없다.

그런데 라이팅에서 아주 중요한 점이 또 하나 있다. 영어로 쓰기 전에 남의 글을 많이 읽어봐야 한다는 점이다. 많이 읽으면 쓸 내용만 풍부해지는 것이 아니라 영어 표현도 자연히 익히게 된다. 학원에서 리스트로 뽑아준 관용어구를 달달 외울 필요가 없다. 그런 리스트를 외워서 나쁠 건 없지만 리스트를 외운 것하고 글을 많이 읽어서 자연스럽게 익숙해진 표현하고는 활용도 면에서 큰 차이가 난다. 리스트로 외운 것은 생각보다 많이 써먹지 못한다. 또 실제로 리스트에서 외운 표현을 써보면 자칫 어색한 표현이 될 수가 있다. 문맥상에서 외운 표현이 아니기 때문에 그렇다. 하지만, 독서를 통해서 자연스럽게 익혀진 표현들은 영어 글을 쓸 때 자연스럽게 나올 수가 있다. 그래서 앞에서 여러 번 강조했듯이 영어 글을 많이 읽어야 한다.

이처럼, 영어 표현이 어느 정도 자연스럽게 나오는 수준이 될 때까지 영어를 많이 읽는 것이 진짜 영어 공부다. 영어 학원을 다닌다든지, 토플이나 토익 시험 교재를 공부하는 것이 진정한 의미의 영어 공부가 아니다. 다양한 표현의 리스트를 외우고 서론, 본론, 결론을 쓰는 법을 익히는 게 영어 공부가 아니다. 읽는 게 영어 공부인데 모두 이것만 빼고 다른 것을 하면서 영어 공부를 하고 있는 줄 안다. 그래서 실력이 늘지 않는다. 영어를 공부해야 영어 실력이 느는데 그동안 우리는 영어 테크닉만 공부했었다.

Ch 3-2

유학생 영어

이제 미국식 영어 공부에 대해 구체적으로 알아보자.

우선 미국식 영문법을 공부할 책으로 유학가는 학생에게 내가 늘 추천하는 문법책이 있다. 유학생뿐만 아니라, 한국에서 영어 공부하는 모든 사람이 완벽하게 소화해야 하는 책이 하나 있다. 윌리엄 스트렁크 주니어(William Strunk Jr.)와 어린이책으로 유명한 "샬롯의 거미줄"과 "스튜어트 리틀"의 저자 E. B. 와이트(E.B. White)가 공저한 "The Elements of Style"이다. 이 영문법책에 소개된 문법은 순전히 미국식 영문법이다. 영문법에는 한국식과 미국식이 있는데, 한국식은 우리나라에서 가르치는 우리의 영어시험을 위한 영문법이고 미국식 영문법은 미국에서 영어를 하기 위해(특히 라이팅) 배워야 하는 영문법이다. 그래서 미국으로 유학가는 대부분의 한국 학생은 그동안 배웠던 한국식 영문법을 버리고 영문법을 새로 재점검(overhaul) 해야 하는데, 그 기본이 되는 교재가 바로 이 책이다. 미국식 영문법을 배우지 않으면 미국에 가서도 "유학생 영어"를 한다.

이 유학생 영어에서 벗어나는 첫 단계가 바로 이런 책을 통해 미국식 영문법을 배우는 거다.

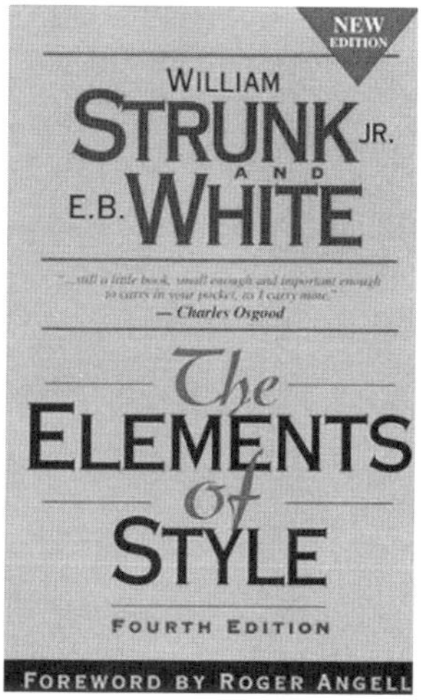

나도 학부로 유학갔을 때 이 책을 선물로 받아 미국식 영문법의 기본을 이 책으로 다졌고, 내 영문법 강의와 교재의 내용도 이 책에 기초를 두었다. 1918년에 만들어진 이 얇은 책은 지금까지도 영어문법의 바이블로 인정받고 있으며, 미국 학생도 영어 라이팅을 위해서는 누구나 한 번쯤은 읽어야 하는 책이다. 그런데 안타까운 것은, 정작 영어를 배우는 우리나라 학생 중에는 이 책을 읽어봤다는 학생이 별로 없다는 사실이다. 이 책을 알지도 못하는 유학생이 많다. 한국의 예쁘고 보기 좋게 디자인 된 수많은 영문법 책에 비해 이 책은 디자인도 옛날 그대로이고 딱딱하고 재미없게 생긴 책이다. 그래서 그런지 한국에서는 인기가 별로 없다.

국내에서는 이걸로 강의한다는 얘기를 좀처럼 들어보지 못했다. 중고등학교에서는 라이팅을 전혀 안 하니 당연히 쓸 리가 없고, 미국 대학을 준비시켜주는 사교육 시장에서도 이 책을 쓰거나 학생에게 추천해 주는 곳을 본 적이 없다. 물론, 남의 나라 언어를 배울 때는 우리식의 학습법도 필요하다. 하지만, 그다음 단계로 미국의 영어를 배우려면, 미국에서 사람들이 영어를 어떻게 사용하는지를 공부해야 한다. 그런데 이런 미국식 영어 준비를 전혀 안 시켜서, 명문대 대학생도 여름방학 때 들어와 나한테 라이팅을 다시 배운다. 막상 현장에 가보니 그동안 한국에서 배운 게 전혀 쓸모가 없다는 걸 경험했다고 하면서.

각종 영어시험인 SAT, GRE, GMAT 등에 나오는 주요 문법은 모두 이 책에 나온 기초문법을 토대로 만들어졌다고 해도 과언이 아니다. 그만큼 중요한 책이다. 유학생뿐만 아니라, 국내에서도 영이 실력을 향상시키려면 이런 책으로 미국식 영문법을 배워서 한국 스타일의 "유학생 영어"에서 벗어나야 한다.

Ch 3-3

팝송은 필수

영어 공부를 하는 데 팝송은 너무나도 중요한 교재다. 도움이 엄청나다. 그런데 영어 공부를 하겠다는 사람 중에 팝송에 관심있는 사람이 별로 없는 것 같아 참 안타깝다. 물론 음악이란 게 개인의 취향이라 강요는 할 수 없지만 영어 공부하는 사람에게 팝송은 절대적인 도움이 되고 반드시 들어야 한다고 생각한다. 사실, 요즘은 라디오나 TV의 팝송 방송도 많이 없고 팝송을 듣는 층이 예전만큼 많지가 않다. 그래서 그런지 영어 공부하는 사람들에게 팝송의 중요성이 잘 인식이 안 된 것 같다. 이런 환경이 많이 아쉬운 게, 팝송은 무엇보다도 생활 영어, 즉 구어체 표현을 익히는데 상당히 많은 도움을 준다. 노래 가사이기 때문에 실제 대화에서 사용하기에 약간 어색한 표현도 있긴 하지만, 미국 사람들이 늘상 쓰는 표현을 쉽게 익힐 수 있는 방법 중 하나가 팝송이다. 그리고 노래이다 보니 표현이 쉽게 외워지고 입에 자연스럽게 익혀져 절대 까먹지 않는다. 나는 팝송을 중학교 때부터 들었는데 그때의 팝송을 통해 당시 중학생이 학교에서 배우지 못했던 표현들을 많이 알게 되었고, 지금도 어떤 표현을 들으면 그 표현이 나왔던 가사가 떠오른다. 그때 팝송으로 배운 표현이 평생 기억된다는 뜻이다. 이보다 더 좋은 암기법은 없다.

한 곡으로 예를 들어보자. 1983년에 발표되어 미국 빌보드차트에서 8주 동안 1위를 했던 폴리스(The Police)의 "Every Breath You Take"라는 유명한 노래가 있다. 이 한 곡에서 다음과 같이 많은 영어 표현을 공부할 수가 있다.(이 노래는 90년대에 래퍼 Puff Daddy에 의해 "I'll Be Missing You"에 샘플링된 곡이다.)

Every breath you take and every move you make

여기서는 "every A(명사) you B(동사)"라는 표현을 자연스럽게 익힐 수가 있다. 뜻은 "네가 A를 B할 때마다"이다. 그래서 위 문장은 "네가 숨을 쉴 때마다, 그리고 네가 움직일 때마다"로 해석이 된다. 이 표현을 알면 다른 표현에도 쉽게 적용이 된다. Every present you buy(네가 선물을 살 때마다), every time you go away(네가 떠날 때마다), every sip you take(네가 한 모금 마실 때마다) 등의 표현이 쉽게 이해가 된다. 노래 전체적으로 이 표현이 반복되고 또 A와 B에 해당되는 명사와 동사의 짝도 같이 외울 수 있어 많은 표현을 익힐 수가 있다. 이 표현을 이 노래를 통해서 알게 되면 "네가 ~할 때마다"라는 말을 하거나 글로 쓸 때 이 표현이 자연스럽게 떠오른다.

가사를 더 보면,

Every bond(관계) you break(깨다), every step you take, I'll be watching you

여기서도 쉽게 알 수 있는 것은, 한 걸음을 내딛는다는 표현을 할 때 동사 take를 썼다는 거다. 그래서 이 노래 가사를 외웠다면 나중에 "걸음을 내딛다"라는 표현을 말하거나 쓰고 싶으면 take a step이란 표현이 자연스럽게 떠오른다. 또한 관계(bond)가 끊어질 때는 간단히 break라는 동사를 쓰면 된다는 것도 쉽게 알 수 있다. 그래서 저 표현을 말로 하고 싶을 때 cut the bond인지 break the bond인지 고민이 될 수도 있는데, (물론 둘 다 써도 된다) 이런 노래를 통해 이 표현을 알고 있다면 그런 고민을 덜게 된다.

노래 중반부로 가면 다음과 같은 표현들이 나온다.

Every move you make, and every vow you break

여기서 알 수 있는 것은 make a move라는 표현과 '서약을 깨다'

를 break a vow라고 한 표현이다. Vow라는 단어도 영어 공부를 시작한 사람에게는 쉽게 접할 수 있는 단어는 아니다. 하지만, 이런 단어도 이처럼 노래를 통해서 쉽게 익힐 수가 있고, 팝송을 많이 듣다 보면 평상시에 못 들어봤던, 그러나 미국에서는 일상적으로 쓰는 용어를 아주 많이 접하게 된다.

그다음에는 더 좋은 표현이 나온다.

Every smile you fake, every claim you stake,

여기서는 미소를 가장한다는 fake a smile이란 표현과 더 어려운 stake a claim, 즉 소유권(claim)을 주장한다는 표현이 나온다. Stake는 원래 '말뚝'이란 뜻이다. 미국 서부개척시대에 아무 주인도 없는 땅에 먼저 가서 말뚝을 박는 사람이 그 땅의 주인이 됐다는 뜻에서 저런 표현이 나왔다. 말뚝을 박아서 자기 땅의 경계를 표시한다고 생각하면 더 잘 외워진다. 팝송을 들으면 이렇게 어려운 표현이지만 노래를 통해서 쉽게 익힐 수 있고, 이 노래를 들을 때마다 다시 기억되기 때문에 절대 까먹지 않게 된다.

이처럼 노래 하나를 가지고 공부할 수 있는 내용이 꽤 많다. 곡에 따라서는 한 곡 안에 새 단어만도 10개 이상씩 나올 수 있고 다양한 숙어나 관용구를 접할 수 있다. 이렇게 팝송을 수년 간 들으면 가사를 통해 알게 되는 영어 표현의 양이 상당히 많아진다. 노래를 즐기면서 영어 표현을 익힐 수 있고 또 까먹지 않게 돼서 팝송으로 영어 공부를 하면 일석삼조의 효과를 본다. 절대로 팝송을 무시하면 안 되고 영어를 배우는 입장에서는 꼭 듣기를 추천한다.

Ch 3-4

생활 영어를 먼저 CNN보다 Friends를 보자

앞에서도 말했지만, 많은 사람이 영어 공부의 수준을 올리고자 CNN, Time, The New York Times, The Wall Street Journal 등 영자 신문을 읽거나 시청각 교재를 사서 공부한다. 다시 한 번 강조하지만, 생활 영어를 먼저 공부하고 이런 시사 영어를 하는 게 맞는 순서다. 병행을 해도 좋긴 하지만, 생활 영어가 아직 부족한 상태에서 이런 영자 신문 영어는 별로 추천하고 싶지 않다. 기형적인 영어 어휘력을 갖게 되기 때문에도 그렇고, 언어 실력은 쉽고 낮은 단계부터 어려운 단계로 차곡차곡 쌓아가는 것이 가장 좋은 방법이기 때문이다. 이렇게 해야 영어의 기초가 탄탄하게 갖춰지고 시간이 지남에 따라 영어 실력의 향상 속도가 빨라질 수가 있다. 쉬운 영어와 어려운 영어를 혼용해서 공부하면 영어 실력이 뒤죽박죽이 된다. 그러니 너무 급하게 생각하여 어려운 시사 단어나 표현을 빨리 알고자 영어 뉴스를 공부할 필요는 없다. 생활 영어부터 제대로 하자.

프로그램

그럼 생활 영어를 공부하기에 제일 좋은 교재는 무엇일까? 바로 미국 시트콤(sitcom)이나 데이타임 드라마(daytime drama, soap opera)다. 요즘은 넷플릭스같은 스트리밍 서비스가 발달되어 공부할 수 있는 자료가 방대하다. 가장 인기가 많은 프로그램으로 Friends, Modern Family, The Big Bang Theory, Desperate Housewives 등이 있다. 이 중에서 어떤 것이 제일 좋은지 물어보는 사람도 있는데 특별히 어떤 것이 더 좋고 나쁘고는 없고 종류에 따라 어떤 영어를 많이 접하게 되는지 차이가 있을 뿐이다. 예를 들어, 위에 열거한 방송들은 미국의 일상 생활이 배경이기 때문에 미국의 생활 영어를 배우기에 다 적합하다. 그런데 Lost나 Prison Break 같은 드라마는 어떤 특수한 상황을 배경으로 하기 때문에 위에 열거한 방송보다는 생활 영어를 공부하기에 조금 덜 적합할 수도 있다. 물론 이런 프로그램도 배경만 특수한 환경이지 사용하는 일상 용어는 다 비슷하다. 그래도 이왕이면 일반적인 환경에서 사용하는 영어를 먼저 공부하는 것이 좋다. 또 인기가 많은 Suits, Law & Order 등은 법률용어를 공부하기에 좋고 Grey's Anatomy나 House는 의학용어가 많이 나온다. 그래서 시작을 하기에는 일상 생활이 배경이 된 방송들이 제일 좋고, 어느 정도 리스닝이 된다면 이런 특수한 배경의 방송으로 넘어가는 것이 자연스럽다고 생각한다. 아무튼, 여기서 강조하고 싶은 것은 생활 영어의 공부가 제일 중요하다는 점이다. 생활 영어와 시사 영어를 병행하고 싶다면 8:2나 9:1정도로 생활 영어에 비중을 두는 걸 추천한다. 하지만, 일단 생활 영어를 최대한 많이 하고 시사 영어로 넘어가기를 적극 추천한다.

자막

미국 방송으로 생활 영어를 공부할 때 나오는 단골 질문이 자막에 관한 거다. 한글 자막과 영어 자막 중 어떤 걸 봐야 하는지, 자막을 띄워야 하는지 지워야 하는지, 처음엔 자막없이 보다가 자막을 다시 켜고 봐야 하는지, 아니면 자막을 켜놓고 보다가 지우고 다시 봐야 하는지 등 질문이 아주 많다. 나는 여기에 정답은 없다고 본다. 보통 아이들이 영어 비디오를 보면서 영어를 익힐 때 아무 자막없이 보다 보면 저절로 영어를 익히게 된다. 그런 것을 보면서 자막없이 보는 것을 추천하는 사람도 있는데 그건 아이가 언어를 배워가는 과정이고, 또 그런 비디오는 아주 짧고 기본적인 영어이기 때문에 그런 방법이 가능할 수도 있다. 하지만, 성인인 경우는 꼭 그렇게 할 필요는 없다고 본다. 단, 한 가지 주의할 점은 한글 자막을 켜놓고 보다보면 나중에는 한글만 읽게 될 수가 있어 한글 자막은 당연히 켜놓고 보면 안 된다. 우선 영어로 먼저 보고 이해가 안 되는 부분을 이해하기 위해서 한글 자막으로 뜻을 찾아보면 모를까 한글 자막을 틀고 보는 것은 아무 의미가 없다. 영어 자막은 본인이 편한 대로 하면 되는데, 이것도 자막에 익숙해지지 않도록 주의해야 한다. 자막을 보다 보면 어느새 귀로는 대충 듣게 된다. 영어에 귀가 계속 노출되는 것이 중요하기 때문에 영어 자막에 너무 의지하지만 않으면 된다. 이건 본인이 많은 시도를 해보는 것이 제일 좋다. “이렇게 해야 한다”에 너무 강박관념을 가지지 말고 영어 자막을 켜고 보다가, 또 끄고 보다가 여러 방법을 해보고 본인의 리스닝(listening)에 도움이 되는 방법을 선택하면 된다. “영어 자막을 켜놓고 보다보니 너무 자막만 보게 되요”라고 생각되면 그럼 그 다음부터는 끄고 보면 된다. 영어 리스닝을 위해서 자막을 보는 건 말이 안 된다고 생각하는 사람도 있는데, 영어 리스닝 실력이 너무 안 좋으면 영어 자막 없이 보는 게 큰 도움이 안 된다. 그런 사람은 영어 자막을 켜놓고 봐도 괜찮다. 그렇게 해서라도 영어에 많이 노출이 되면 상황이 조금씩 개선되어 나중에는 영어 자막 없이 먼저 보고 그다음에 다시 영어 자막을 틀고 보는 단계로 발전하게 된다. 정리하자면, 미국 방송을 볼 때 자막은 본인이 여러 방법을 해보고 본인의 리스닝에 맞는 방법을 찾아가는 게 제일 좋은 방법이다. 내가 추천하는 방법은 제일 상식적인 것으로, 영어 자막 없이 본 후에 영어 자막을 틀고 다시 보는 건데, 이것도 처음부터 가능한 사람이 있고 그렇지 못한 사람이 있기 때문에 본인에게 어떤 것이 맞는지는 본인이 찾아야 한다.

시간과 횟수

이와 관련해 또 많이 나오는 질문이 얼마나 오래, 그리고 얼마나 자주 시청해야 하나이다. 이것 역시 정답이 없고 당연히 많이 자주 하는 사람의 영어 실력이 더 빠른 시간에 오른다. 여기서 제일 중요한 것은 영어 프로그램을 매일 보는 거다. 바쁜 스케줄 때문에 하루에 10분밖에 볼 수 없다면 그 10분이라도 봐야 한다. 끊기는 날이 없어야 한다. 아무리 1주일을 열심히 장시간 시청했더라도 그 다음 주에 제대로 보지도 못하고 넘어간다면 그다음에 다시 시작할 때 리스닝과 이해력이 또 제자리가 될 수 있다. 언어 공부는 매일 노출 시키는 것이 최선의 방법이다. 항상 노출되면 좋겠지만 미국에서 사는 게 아닌 이상 그게 현실적으로 불가능하니 최소한 매일 조금씩이라도 노출 되는 게 좋다. 이것만 지키면 된다. 마치 운동이나 다이어트도 꾸준히 매일 해야 그 효과가 나타나듯이 영어 노출은 매일 끊기지 않아야 하는 것이 철칙이다. 사람마다 차이가 있겠지만 이것만 지키면 3개월 후, 6개월 후에 달라진 자신의 리스닝과 생활 영어 실력을 분명히 느낄 수가 있을 거다. 실력이 그 이전과 달라지지 않을 수가 없다. 언어는 노출되면 자연스럽게 내 몸에 익혀지기 때문에.

이 장의 결론은 간단하다. 생활 영어 영상을 매일 보는 것. 여기서, 한 가지 구체적인 방법을 제안하겠다. 외출하고 집에 돌아와서 꼭 하는 행동이 각자 있다. 누구는 집에 들어와서 꼭 부엌으로 가 냉장고 문을 열어 먹을 것을 찾고, 누구는 꼭 소파에 앉아서 TV를 켜고, 누구는 방에 들어가서 옷부터 먼저 갈아입는 등 각자 집에 들어왔을 때 하는 행동이 있다. 여기에 영어 방송 트는 것도 추가하자. 그래서 집에 들어오면 영어가 먼저 들리도록. 틀어놓고 다른 일을 해도 좋다. 일단 방에 들어가면 음악을 틀어놓듯이 그 전에 보다 만 드라마나 새로 볼 영상을 틀어놓자. 당장 앉아서 집중하여 볼 수는 없어도 일단 틀어놓고 생활을 시작해보자. 이렇게 추천하는 이유는 영어를 어떤 정해진 틀에 맞춘 공부로 생각하지 말고 내 주위에서 늘 들리는 환경을 만들기 위해서다. 집에 들어와서 잠들 때까지 늘 영어를 해야 한다는 뜻이 아니다. 우선 이렇게 틀어놓아야 그날 단 5분이든 10분이든 보고 잘 수 있게 된다. 이 틀어놓는 것이 습관이 안 되면 영어 듣기를 안 하고 지나갈 날이 생기고, 이런 날이 하루이틀 늘어나면 다시 페이스를 잡기 어렵게 된다. 영어를 틀어놨다가 잠들기 전에 집중해서 정해진 시간만큼 시청하고 자는 것, 이것만이라도 매일 지킬 수 있으면 일단 성공이다.

Ch 3-5

공항 짐은 어디서?

미국에서 표지판 읽는 연습

한 학생이 자기는 일을 서두르지 않는다는 표현을 에세이에 쓰고 싶다고 하길래, "I take things slow."라고 알려줘서 그 학생은 자기 에세이에 그렇게 썼다. 며칠 후 다시 가져온 에세이를 읽어보니 그 부분이 "I take things slowly."로 고쳐져 있었다. 왜 고쳤냐고 물어보니 학생의 친척인 어느 영문과 교수님께서 그렇게 고치셨다고 했다.(아마 고치면서 내가 실력없는 선생이라고 생각했을 듯) Slow는 형용사도 되고 부사도 된다. 그래서 I take things slow도 맞다. 특히나 개인 에세이(personal essay) 같은 구어체의 글에서는 더더욱 괜찮다.

이건 앞에서 한 번 소개했던 케이스인데, look, sound, feel, taste, appear 등의 연결동사(linking verb) 다음에는 꼭 형용사만 와야 한다고 한 중학생이 나한테 알려준 적이 있었다. 학교 영어 선생님께서 그렇게 가르치셨다고 한다. 그래서 She appears beautiful(그녀는 아름다워 보인다)이 맞고, 학생이 썼던 She appears beautifully는 틀렸다고 채점된 시험지를 나한테 보여줬다. 앞에서도 설명했지만, 둘 다 문법적으로 맞는 문장이고 두 번째 문장인 She appears beautifully는 "그녀가 아름답게 나타난다"라는 뜻으로 "나타나다"라는 동사의 행위에 대한 부사가 뒤에 온 것뿐이다. 앞 문장에서는 appear가 "~로 보인다, ~이다"로 해석하지만, 뒤 문장에서는 appear의 원래 뜻인 "나타나다"로 해석을 해야 하는 차이가 있는 것뿐이다. 그래서 문장의 뜻에 따라 뒤에 형용사가 오느냐, 부사가 오느냐가 달라진다. 재밌는 건, 이 질문을 고등학생이나 대학생에게 물어봤을 때 틀린 학생이 생각보다 많았다. She looks beautiful(그녀는 아름다워 보인다)을 적어준 다음에 She looks beautifully(그녀는 아름답게 쳐다본다)에 대해서 어떻게 생각하냐고 물어보면 많은 학생이 두 번째 문장은 틀렸다고 한다. 결국 영어를 가르칠 때 뜻을 가르쳐야 하는데 문법적 요소만 가르치기 때문에 생기는 잘못된 영어 교육의 결과다.

사진은 미국 도로에서 흔히 볼 수 있는 표지판이다. 무슨 뜻인지 쉽게 알 수 있다. 이 곳은 조심해서 천천히 운전하라는 뜻이다. Drive slow도 맞고 drive slowly도 맞다. 이렇듯 미국에서 쉽게 볼 수 있는 표지판으로도 영어 단어의 쓰임새를 많이 배울 수 있다. 위의 중학생 예에서처럼 한국 학교에서 영어 교과서만 보고 배운 영어는 자칫 잘못된 영어를 익히게 되는 단점이 있다.

표지판의 또 하나의 예를 들어보겠다. 미국 공항에 내리면 제일 먼저 보이는 표지판 중에 하나가 Baggage Claim이다. Claim은 자기 것이라고 주장하는 걸 말한다. 그래서 공항의 짐 찾는 곳을 Baggage Claim이라고 한다. 이 외에도 merge(도로가 합쳐짐), yield(양보) 등은 도로표지판에서 쉽게 볼 수 있어 바로 배울 수 있는 표현들이다.

이렇게 표지판에 대해 얘기를 꺼낸 이유는 많은 유학생이나 어학연수생들이 정작 미국에 가서는 표지판을 제대로 안 읽는다는 걸 알게 됐기 때문이다. 유학생이나 어학연수생에게 영어를 가르칠 때 baggage claim이나 merge 같은 단어를 미국에서 본 적이 있냐고 물어보면 없다고 대답하는 학생이 의외로 많다. 그만큼 영어 표현에 관심이 적다는 걸 간접적으로 보여준다고 생각한다. 이런 간판에 적힌 영어 표현은 꼭 미국을 가야 볼 수 있는 건 아니다. 미국 드라마나 영화를 봐도 가끔 나온다. 그럴 때마다 표현을 익혀두는 것도 미국식 영어 표현을 익히는 데 조금이라도 도움이 된다. 몇 년을 유학을 하든 몇 달을 어학연수나 여행을 하든 미국에 가면 간판을 유심히 잘 읽고 그 표현들을 익히는 건 미국식 영어를 이해하는 데 도움이 된다. 그리고 쉽게 영어 표현을 배울 수 있는 좋은 기회나 마찬가지다. 앞장에서 팝송을 통해 많은 것을 얻을 수 있는 것처럼 이런 간판으로 배우는 표현도 꽤 유용하다. 역시나 이렇게 배운 영어 표현도 좀처럼 까먹지 않는다.

참고로, 브라이언 A. 가너(Bryan A. Garner)의 "A Dictionary of Modern American Usage(현대 미국 영어 사용법 사전)"에 보면 "slow"와 "slowly"에 대한 설명이 아래처럼 나온다.

"비록 slowly가 더 흔한 부사이고 정확하지만, slow도 부사로 쓰기에는 전혀 손색이 없다. 둘 중에 선택을 해야 할 경우, 리듬과 어감에 따라가라."

위에 소개한 학생의 에세이에는 "I take things slow."가 어감상 더 적당했다. 그런데 국내 영문과 교수님께서 이걸 "I take things slowly."로 바꿔서 에세이의 톤(tone)이 살짝 달라졌다. 살아있는 미국식 영어를 공부 안 하면 이런 미묘한 차이를 좀처럼 감지하기 어렵다. 아마 저 교수님은 미국에서 도로표지판을 잘 안 보셨나 보다.

Ch 3-6

영어 발음

나는 왜 영어 발음이 안 좋을까?

우리나라 사람이 특별히 영어 발음에 민감한 면이 있다고 하는데, 사실 영어 발음은 잘하면 잘할수록 좋다. 또 요즘 같은 글로벌 시대에는 꼭 미국식 영어 발음을 고집할 필요가 없고 영국이나 호주식 영어 발음을 해도 상관없다고 말하는 사람도 있고, 토익 같은 시험에서도 미국이 아닌 다른 나라의 영어 발음이 등장하기도 한다. 그런데 영어를 공부하는 입장에서는 우선 미국식 영어 발음부터 잘 배우는 것이 중요하다고 본다. 영국이나 호주식 영어 발음은 그 나라에 가게 될 경우가 아니라면 굳이 처음부터 배울 필요는 없다. 우리가 보통 접하는 영어 콘텐츠의 대부분이 미국식 발음이기 때문이다.

미국식 영어 발음을 배우는데 있어서 제일 중요한 것은 각 알파벳의 발음이다. 알파벳의 자음과 모음 한 글자씩 정확히 발음하는 연습부터 해야 한다. 이것이 영어 발음에서 제일 중요한 과정인데 한국의 영어 교육에는 빠져있다. 알파벳의 한 글자씩 발음을 정확히 가르치는 경우는 본 적이 없는 것 같다. 그런데, 알파벳의 발음부터 정확히 연습을 안 하면 성인으로서 영어를 배울 때 좋은 발음은 절대 불가능하다. 영어 발음에 신경을 쓰는 사람이라면 알파벳 발음부터 다시 배워야 한다.

영어 발음에서 우리가 특별히 신경쓰는 발음이 우리말에는 없는 f, r, ph, th, z 등인데, 이런 발음을 제대로 익히는 것도 중요하지만, 한글로 표기되는 다른 발음들도 똑같이 중요하다. 어쩌면 더 중요할 수도 있다고 생각한다. 왜냐하면, 한글로 표기되는 영어 발음이라고 해도 우리 발음과 똑같지 않은데, 우리 한글 발음과 같다고 취급해서 영어 발음이 더 안 좋아지기 때문이다. 예를 들어, 한글의 ㅂ으로 알고 있는 b도 잘 들어보면 ㅂ과는 소리가 많이 다르다.(영어 알파벳의 정확한 발음은 인터넷에서 쉽게 찾을 수 있어 여기서는 발음하는 방법은 생략하겠다.) 그래서 미국 사람이 발음하는 뱅뱅사거리의 'ㅂ'은 우리가 발음하는 ㅂ과 다르다. 또 미국 사람은 '사랑해요'를 '싸랑해요'라고 한다. 영어에는 '사랑해요'의 ㅅ발음이 없다. 그러니 우리가 영어의 s발음을 할 때 한글의 ㅅ을 생각하고 발음하면 틀린다. 미국 사람이 알아듣기는 하겠지만 콩글리쉬 발음이 된다. 또 영어의 o는 우리말의 '오' 또는 '어' 발음이 아니다. 액센트가 없을 때 짧게 단모음으로 발음되는 경우 외에는 전부 '오우'다. Ocean은 '오션'이 아니고 '오우션'이다. 한글로 잘못 표기

되는 또 다른 발음이 w다. Woman은 엄밀히 말해서 '우먼'으로 소리 나지 않는다. 오히려 '워먼'이 더 가깝다. Wood는 '우드'가 아니고 '워'와 '우'의 중간소리로 발음해야 한다. W의 발음은 '우'같은 단모음이 아니다.

이렇듯, 알파벳의 각 자음과 모음이 한글의 자음과 모음이랑 많이 다르다. 그런데 한국의 정식 영어 교육에는 각 알파벳의 발음에 대한 공부는 아예 없다. 그래서 그런지 원어민 발음을 하려면 어떻게 해야 하는지 시중에 자료가 참 많다. 예전에는 원어민처럼 발음할 수 있다며 혀의 일정 부분을 제거하는 수술을 해줬던 병원도 있었다. 이렇게 하는데도 발음이 개선이 안 되는 건 알파벳의 자음과 모음을 하나하나 처음부터 제대로 익히지 않아서다. 이 기본 발음부터 하면 많이 나아질 텐데 기본을 소홀히 해서 발음이 안 좋다. 미국에서 성장하지 않는 한 원어민 같은 발음은 할 수 없다. 하지만, 비영어권 시민으로 아주 좋은 영어 발음을 갖고 싶다면 어려운 영어 단어 발음을 잘해야 하는 게 아니라 알파벳의 자음과 모음의 발음을 제대로 해야 한다. 늘 기본이 부실하니까 잘 안 되는 거다.

발음에 관해서 한 가지 더 추가하자면, 말을 빨리하지 않는 게 좋다. 영어로 대화할 때 상대가 빨리하면 자신도 빨라지고, 또 영어를 빨리해야 잘하는 걸로 생각할 수 있지만, 말을 빨리하는 것은 정말 중요하지 않다. 발음을 제대로 하는 것이 중요하다. 말을 빨리하다

보면 원어민이 아닌 이상 발음이 부정확게 나올 확률이 크다. 만약 발음도 완벽하지 않은데 빨리하려고 하면 듣는 입장에서는 잘 못알아 들을 수 있다. 그리고 듣기가 상당히 거북해진다. 우리와는 또 다르게 발음이 나쁜 중국이나 동남아 사람들이 영어를 할 때 빨리하는 걸 들어보면 이해하기 힘들고 많이 거슬리는 게 사실이다. 영어를 공부하는 입장에서는 원어민처럼 발음하려고 노력하기 전에 정확한 알파벳 발음을 배우려고 노력해야 한다.

정리하자면, 영어 발음을 잘하기 위해서는 알파벳 글자 하나하나의 발음부터 다시 공부해야 한다. 알파벳 글자의 발음부터 제대로 해야 영어 발음이 좋아지고, 그래야 단어의 발음도 자연스럽게 좋아진다. 우리가 발음이 안 좋은 건 단어의 발음을 잘 못해서가 아니라 알파벳의 발음이 안 좋아서다.

Ch 3-7

영어 리딩

"권장도서"는 권장일 뿐

주로 학부모들이 갖는 궁금증이지만, 영어 공부를 위해 영어책을 읽고자 하는 사람들이 공통적으로 많이 묻는 질문이 있다. "어떤 책을 읽으면 좋을까요?" 2-1장에서 단어 공부법에 대해 설명할 때 언급했지만, 어떤 책을 읽을까 고민이 될 때 제일 좋은 해결책은 본인이 서점에 가서 한 시간이든 두 시간이든 본인의 수준과 흥미에 맞는 책을 고르는 거다. 보통 영어책을 고를 때 중고생인 경우 각 학년에 맞는 미국 학교의 권장도서 목록으로 보고 거기서 고른다. 성인의 경우 매해 유명인(빌 게이츠, 버락 오바마 등)의 독서 목록을 소개하는 기사를 본다. 이런 리스트는 책 고르는 시간을 줄여줄 수 있는 효과는 있을지 몰라도 나에게 맞는 책을 고르는데 얼마나 큰 도움이 될지는 모르겠다. 남이 정해놓은 권장도서 목록에 너무 신경 쓸 필요가 없다고 본다. 우선 본인 레벨의 책을 찾는 것이 제일 중요하기 때문에 본인이 서점에서 시간을 들여 책을 찾는 것이 최우선으로 할 일이다. 그리고 본인 레벨에 맞는 책을 찾는 과정을 습관으로 만드는 게 장기적으로 봤을 때 아주 중요하다고 생각한다. 영어 공부를 하는 대학생이 미국 중학생용 책을 읽어도 상관없다. 한국 대학생이 미국 중학생용 책도 어려울 수가 있다. 그렇기 때문에 어느 유명인이 추천했다든지 뉴욕타임스 베스트셀러에 올랐다고 해서 꼭 그런 책을 읽어야 하는 건 아니다. 그리고 영어책으로 영어 공부할 마음을 먹었다면 서점에서 몇 시간이고 책 고르는 시간이 아깝다고 생각하면 안 된다. 이 역시 미국 책을 읽는데 아주 중요한 기본기를 익히는 과정이다. 하루 가서 책을 고르다가 결국 책을 못 사게 되더라도 실망할 필요가 없다. 그 다음에 다시 가서 또 고르면 된다. "나보다 똑똑한 사람들이 추천한 리스트가 있는데 내가 뭘 안다고 이런 시간 낭비를 하나?"라고 생각하면 절대 안 된다. 책을 고르는 과정을 건너뛰고 공부하기에 딱 좋은 책을 바로 선정할 수 있기를 모두 원하지만 그런 식으로 책을 고르지 않았으면 한다. 책을 고르는 과정에서도 많은 영어 공부가 되고 장기적으로 봤을 때 영어책을 읽는 습관의 기초가 되는 아주 중요한 행동이기 때문이다. 그리고 이런 식으로 여러 책을 뒤적이다 보면 많은 종류의 책에 대해 어느 정도의 감이 생긴다. 그러면 나중에 새 책을 구입할 때 참고자료가 된다. 다른 제품을 살 때는 여러 매장에 가서 물건을 직접 보고 만져보고 하는데 책은 그런 과정 없이 쉽게 사고 싶어한다. 이런 식으로 책을 사지 않았으면 한다.

미국 부모는 아이들을 동네 도서관에 데리고 가서 같이 책을 골라주기도 하지만 거기서 애들이 마음껏 시간을 보낼 수 있도록 애를 풀어놓는다. 아이가 도움이 필요할 때는 당연히 부모가 추천하지만, 이거 읽어라, 저거 읽어라 하며 일일이 간섭하지 않는다. 아이가 관심이 가는 책을 찾도록 기회를 준다. 그동안 영어책을 읽지 않았다면 미국 아이가 도서관에 가서 자기가 관심이 가는 책을 고르듯이 서점에 가서 자기에게 맞는 책을 찾는 시간을 이제부터 만들기를 추천하다. 이걸 시간 낭비라고 생각하면 영어책 읽기는 습관이 될 수가 없고, 그렇게 된다면 영어 공부는 지금까지 반복됐던 것처럼 또다시 문제풀이 영어 공부로 돌아갈 수밖에 없다. "권장도서"나 "뉴욕타임스 베스트셀러" 등의 리스트에 너무 신경 쓰지 말고 내 리스트를 만들 수 있을 정도로 책을 많이 살펴보자.

원서 읽기

이제 본인의 수준과 관심에 맞는 책을 골랐다면 어떻게 읽을까? 이에 대해 정보가 인터넷과 서점에 많다. 그런 모든 정보를 다 훑어보는 것도 괜찮다. 그중에 본인에게 도움이 될 만한 것이 있으면 원서를 읽을 때 활용해서 나쁠 건 없다. 여기서는 그 어떤 방법을 쓰더라도 기본적으로 지켜야 할 내용을 몇 개만 정리해보았다.

1. 매일 읽을 것. 10분이라도. 그럼 이렇게 질문하는 사람이 있다. "매일 10분씩 읽는 게 좋을까요 아니면 주말에 몰아서 한두 시간 읽는

게 좋을까요?" 매일 조금씩 읽는 게 더 좋지만 개인 스케줄상 그게 어렵다면 주말에 몰아서 읽어도 된다. 하지만, 매일 읽는 게 중요하다.

2. 마음에 드는 표현이나 기억해놔야 할 부분이 있다면 형광펜으로 표시해놓을 것. 그리고 하루 분량을 다 읽은 후 파일이나 노트에 정리해놓을 것.

3. 읽다가 모르는 단어나 표현은 형광펜으로 표시한 후 사전을 바로 찾아봐서 뜻을 알고 지나가는 게 좋다.

4. 소리내어 읽어도 좋고 속으로 읽어도 좋다. 소리내서 읽어야 스피킹 공부도 된다고 생각하는 사람이 있을지 모르겠는데 소리내서 읽다보면 자기 발음이나 억양에 신경이 가기 때문에 책의 내용에 집중하지 못할 수도 있다. 그래서 난 소리내지 않고 읽기를 추천한다.

5. 오디오북은 원서 리딩이 어느 정도 익숙해지면 나중에 고려해보고 지금은 일단 원서를 읽는 것에만 집중하자. 이렇게까지 말했는데도 "그래도 눈으로 읽고 다시 오디오로 들으면 더 좋지 않을까요?"라고 재차 묻는 사람이 있다. 본인 좋을 대로 하면 된다. 물론 차에서 듣는 건 대단히 좋은 방법이다. 적극 추천한다.

원서 읽기에서 제일 중요한 것은 그 세부적인 방법이 아니라 매일 꾸준히 하는 반복이다. 몸에 지방을 빼고 근육을 키우려면 운동과 다이어트를 매일 꾸준히 해야 하듯이 원서 읽기도 매일 꾸준히 하지 않으면 뇌가 원서에 익숙해지는데 시간이 오래 걸린다. 살빼는 것과 똑같다.

Ch 3-8

영어 라이팅

쉬운 문장부터 천천히

영어 공부에서 제일 어려운 분야가 영어 라이팅이다. 어떻게 하면 나도 영어로 글을 잘 쓸 수 있을까? 영문 이메일이나 영어 이력서에 첨부되는 커버레터(cover letter)를 잘 쓰는 법에 관한 책도 있다. 그런 영어글은 시중에 나와있는 교재나 인터넷에 있는 정보에서 웬만큼 도움을 받을 수 있다. 여기서는 일반적인 영어 에세이에 대해서 몇 마디 적고자 한다.

일반적 영어 에세이라고 하면 우선 본인의 생각을 쓴 개인 에세이(퍼스널 에세이, personal essay)가 있고, 본인의 주장을 남에게 설득시키는 논술 에세이(argumentative essay), 그리고 어떤 내용에 대해 설명을 하는 설명 에세이(informative essay)로 크게 분류할 수가 있다. 이 각각의 에세이에 대해서 설명을 하자면 내용이 너무 방대하기 때문에 여기서는 일반적으로 염두에 둬야 할 내용 몇 개만 설명하겠다.

독서

우선, 영어 글을 쓰기 전에 미리 해둬야 할 것이 앞에서도 누차 말했던 읽기다. 많은 양의 영어 글을 읽어야 자신의 의사를 어느 정도 영어로 표현할 수가 있다. 대부분의 학생이나 영어를 공부하는 일반인은 이 독서라는 과정은 빼먹은 채 영어로 글을 잘 쓰는 법만 배우러 다닌다. 이건 마치 축구에서 제일 기본인 드리블도 못하는데 수비를 제끼는 갖가지 기술만 배우고 다닌 것과 같다. 기본적인 드리블이 안 되면 아무리 현란한 기술을 배운다 한들 써먹을 수가 없다. 영어 라이팅도 마찬가지로(사실 모든 글쓰기가 그렇다) 그동안 영어로 읽은 내용이 많지 않다면 표현면에서 또 내용면에서도 좋은 글이 나올 수가 없다. 물론 이 책의 독자는 대부분 영어를 배우는 층이기 때문에 좋은 글보다는 평범한 글이라도 영어로 제대로 표현하는 게 목표지만, 그렇다 하더라도 이 이치는 똑같이 적용된다. 많은 문장을 읽어봐야 평범한 영어 문장도 제대로 쓸 수 있다. 그래서 영어책을 가능한 한 많이 읽은 후에 영어 라이팅을 배우는 게 효과가 있다.

한국 대학생들이 미국 대학으로 지원할 때 쓰는 사기소개서(Statement of Purpose)를 많이 도와주다 보면 학생들이 영어책을 안 읽은 흔적이 너무나 뚜렷이 보인다. 대신 영어 학원이나 인터넷에서 배운 단편적 표현들이 글의 여기저기에 끼워진 게 보인다. 이처럼 학생들의 영어 에세이를 보면 영어로 독서를 했는지 안 했는지가 너무 뚜렷하게 보인다. 그래서 나는 영어 라이팅을 컨설팅해줄 때도 반드시 영어책 읽는 과정을 병행한다. 영어책을 읽지 않고 영어 글을 쓰겠다는 생각은 버려야 한다.

쉬운 영어

이미 말했듯이, 영어로 문장을 쓸 때 쉬운 것부터 쓰는 연습을 해야 한다. 처음부터 긴 중문, 복문, 분사구문 등을 쓰려고 하면 안 되고 "주어+동사+목적어(보어)"의 간단한 형태의 문장을 평범한 단어로 쓰는 연습을 많이 하는 게 중요하다. 그런데 많은 한국 학생들은 처음부터 한꺼번에 많은 양의 고급스러운 문장형태를 다양하게 쓰고 싶어한다. 쉬운 내용의 단문부터 익숙하게 쓸 수 있을 능력이 되어야 그 다음 단계의 중문이나 복문으로 올라갈 수가 있다.

우리가 영어로 글을 쓸 때 범하는 흔한 오류 중 하나는, 우리말로 생각한 문장을 그대로 영어로 쓰려고 한다. 특히, 우리말로 생각한 긴 문장을 영어로 그대로 길게 쓰려고 한다. 우리말로 된 긴 문장은 우리말이니까 쉽다. 그런데 그 문장을 영어의 긴 문장으로 바꾸려면 쉽지가 않다. 그래서 우리말로 된 긴 문장은 쪼개서 단문으로 먼저 만들고 그 단문부터 영어로 쓰는 연습을 해야 한다. 아주 쉬운 예를 들자면,

"어제는 내 생일이어서 만난 지 오래된 고등학교 때 친구들한테 연락하여 강남에서 생일파티를 했다."

이 문장을 바로 영어로 작성하려고 하면 쉽지가 않다. 그래서 우선 작은 문장 단위로 쪼개본다.

"어제는 내 생일이었다."
"만난 지 오래된 고등학교 때 친구들한테 연락을 했다."
"강남에서 생일파티를 했다."

이렇게 긴 문장을 더 작은 단위의 문장으로 갈라놓고 저 문장들을 먼저 영어로 써본다. 그러고 나서 본인 영어 실력으로 합칠 수 있는 문장은 접속사 혹은 관계대명사 등을 써서 합치면 된다. 짧지만 정확한 문장을 많이 써보는 게 초보나 중급 단계에서는 더 중요하다.

물론, 이렇게 짧은 문장들로 작성된 글은 수준이 낮은 글이다. 하지만, 글의 수준이 좀 떨어지더라도 이 짧은 문장들로 완성된 글을 하나 작성해놓고 거기서부터 어떤 방법으로 글을 업그레이드할지 방법들을 생각해가며 수정하는 것이 영어 라이팅 실력을 키우는 가장 빠른 지름길이다. 영어 라이팅을 빨리 배우고 싶은 사람 중에 표현이라든지, 문장 구조라든지, 글의 구성 등을 빨리 배우면 좋다고 생각하는 사람이 있다. 그런 교재도 시중에 많은데 이건 다 착각이다. 영어 라이팅 실력을 향상시키는 제일 빠른 방법은 초등학생 수준의 영어 글을 계속 고쳐서 중고등학생, 그리고 대학생 수준의 글로 점차적으로 올리는 과정을 거치는 거다. 이게 처음 볼 때는 시간이 너무 많이 걸린다고 생각이 들겠지만, 이렇게 하는 것이 영어 라이팅 실력을 가장 빨리 향상시키는 방법이다. 영어 라이팅은 마라톤이라고 생각해야 한다. 처음에 더디다고 느껴도 나중에 향상되는 실력의 속도는 예상했던 것보다 빨라진다. 그 단계에 가기까지 앞단의 지루하고 힘든 과정을 거쳐야 한다.

그리고 여기서도 마찬가지로 쉬운 내용의 단문을 많이 읽어본 사람이 단문을 쉽고 빠르게 쓸 수 있다. 독서가 영어 라이팅 실력의 근간임을 다시 한번 강조한다.

교정

영어 교정은 당연히 영어권 문화에서 자란 사람에게 받아야 한다. 반드시 원어민에게 받아야 한다는 뜻은 아니다. 많은 사람이 원어민에게 라이팅을 교정 받는 것이 제일 좋다고 생각하는데 단순 교정은 그럴 수 있지만, 본인의 생각을 제대로 전달하는, 글의 내용면에서 많은 도움을 받고 싶다면 원어민보다는 한국과 미국 문화와 정서를 잘 아는 교포가 제일 좋다. 쉽게 말해서, 영어의 형식적인 부분에서의 도움은 원어민이 좋지만(교포도 상관 없음) 내용적인 부분에서는 꼭 원어민일 필요는 없고, 오히려 한국 문화나 정서를 조금이라도 아는 교포가 더 낫다고 본다.

 예를 들자면, 미국 대학이나 대학원의 지원 에세이를 쓸 때 많은 컨설팅 학원에서는 원어민을 에세이 컨설턴트로 쓴다. 특히 아이비리그의 영문학이나 철학과 출신의 미국인을 고용해서 쓴다. 한국에서는 이런 원어민이 한국 학생의 에세이를 봐주는 것이 좋다고 생각하는데 이건 착각이다. 학생이 아무리 영어를 잘해도(영어 유치원에서부터 외고까지 다녀서) 한국에서 성장했으면 미국에서 자란 학생과 사고방식이나 영어 구사력에서 미묘한 차이가 없을 수 없다. 사람은 자란 환경의 지배를 받기 때문에 생각하는 방식이나 언어로 자기 생각을 표현하는 스타일이 차이가 나기 마련이다. 그리고 그런 차이는 글에서 제일 잘 나타난다. 이런 미묘한 차이를 무시하고 한국에서 태어나고 자란 학생의 에세이를 한국 문화를 잘 모르는 원어민이 써준다는 것은 제대로 된 에세이 컨설팅이 아니다. 이렇게 내용면에서 최대의 효과를 볼 수 있는 교정을 받으려면 우리 문화나 정서를 조금이라도 알고 영어를 완벽하게 하는 사람이 최적이다.

Chapter

4

영어의 성격

Ch 4-1
논리의 언어

이번 장에서는 영어 공부보다 영어라는 언어 자체에 대한 얘기 좀 해보겠다. 인간의 모든 언어는 논리가 바탕에 깔려있지만 영어는 우리말과 또 다른 면의 논리가 있다. 아무래도 다른 문화권의 언어라 우리와 논리가 다르고 언어에서 논리를 강조하는 정도도 다를 수밖에 없다. 영어의 이런 면을 이해한다면 영어를 공부하는데 더 도움이 될 것 같아서 소개한다. 그리고 여기 내용은 그동안 국내 학생들을 가르치다 느낀 우리말과 영어의 차이점을 바탕으로 영어의 논리적 측면에 대한 개인적 견해임을 밝힌다.

추론(inference)

한 대학생과 어떤 아티클에 대해 논하다가 이 학생이 추론에 대해 나와 생각이 다르다는 걸 알게 돼서 미국의 수능시험인 SAT의 예를 들어 추론에 대해 설명을 해줬다. 지금은 너무 어려워서 없어

졌지만, 2016년 이전의 미국 SAT 시험에 난도가 제일 높은 문제로 추론(inference) 문제가 있었다. 우리나라 대학생도 어려워하는 문제였다. 한두 번 가르쳐서 안 되고 여러 번 반복해서 장기간 가르쳐야 겨우 이해가 되는 문제 유형였다. 그 대학생에게 설명해준 문제는 이거였다.

문) "아이는 밖에 서서 하늘에서 떨어지는 눈을 멍하니 쳐다보고 있었다."에서 추론(infer)할 수 있는 것은?

A) 아이는 망연자실한 상태다.
B) 아이는 눈이 오는 것에 매료되어 있다.
C) 아이는 지금 아무 생각이 없다.
D) 아이의 머리 일부는 젖어있다.
E) 아이는 지금 춥다.

실제 시험 문제는 당연히 이것보다는 어렵지만 예를 들기 위해 간단하게 문제를 만들어봤다. 그런데 이런 추론 문제에 답을 D)로 고르는 학생이 많지 않다. 이런 걸 가르치면서 느낀 점은 우리가 생각하는 추론과 미국 사람들이 생각하는 추론은 많이 다르다는 점이다. 수능 국어에서는 추론 문제가 어떻게 나오는지 잘 모르겠지만, 영어에서 추론은 객관적 사실로 정할 수 있는 것만을 말한다. 단순히 그럴듯한 내용이기만 하면 안 되고, 실제로 일어날 확률이 최소한 90%, 아니면 거의 99%정도는 되어야 이런 추론 문제의 정답이 된다.

위의 보기 중 D)만 추론이다. 그 이유는 머리에 눈이 내려앉지 않을 확률이 전혀 없다고 할 수는 없지만, 그래도 상식적으로 생각했을 때 99.99% 눈을 맞을 수밖에 없으니까 D)는 아무도 반박할 수 없는 사실과 다를 바 없다. 그래서 눈에 맞으면 당연히 눈이 녹아 머리가 젖을 것이고. 나머지는 추론이 아니고 추측(speculation)이다. 그리고 나머지 보기 중에서 정답이 나오려면 더 많은 정보가 필요하다. 문장에 '멍하니'가 있으니까 A) 또는 C)가 맞지 않느냐고 생각할 수 있지만 이 보기가 답이 되려면 아이의 내면 상태를 알아야 한다. '멍하니'는 겉모습일 뿐이다.

이렇듯 추론과 추측을 많이들 혼동한다. 이 예에서 알 수 있듯이 영어는 우리가 생각하는 것보다 더 엄격한 논리적 잣대를 가지고 언어를 판단한다. 이런 혼동은 우리가 영어 글을 읽을 때도 나타나지만, 에세이를 쓸 때 더 많이 나타난다. 학생이 써온 에세이의 한 문장이 이해가 안 돼서 무슨 뜻이냐고 물어보면, 써놓은 것보다 훨씬 많은 양의 내용을 얘기한다. 그럴 때마다 난 이렇게 말한다.

"네 글을 읽는 사람이 너의 그 깊은 속마음을 이 한 문장에서 다 뽑아내는 건 무리가 있어. 읽는 사람은 네 머릿속의 생각과 마음속의 느낌을 모른다는 걸 항상 염두에 두고 써야 해"

자기 머릿속의 생각과 자기가 쓴 글(현실)의 거리가 너무 멀다는 걸 못 느끼는 학생이 많다. 이렇게 되는 이유는 본인이 써놓은 글을 읽고 본인이 갖고 있는 많은 생각을 다른 사람이 충분히 추론할 수 있을 거라고 생각하기 때문이다. 추론이란, 글이 전달하는 의미의 범위 안에서 하는 건데 많은 학생들은 자기가 쓴 영어가 어떤 의미까지만 전달하는지, 그 의미의 경계를 잘 파악하지 못한다. 이 의미의 경계에 따라 추론과 추측이 결정된다. 즉, 의미의 경계 안이면 추론이고 그 경계를 넘어가면 추측이 된다. 그런데 가만히 생각해보면, 우리의 평소 언어생활에서도 이 추측과 추론의 경계를 명확하게 구분하지 못하는 경우가 많은 것 같다. "사람이 그 정도 말을 했으면 알아들어야지."라는 말을 우리는 흔히 듣는다. 알아서 추론을 잘 하라는 거다. 내 생각에는 이런 언어문화가 추론과 추측의 구분이 모호해지는 현상에 기여했다고 본다. 그래서 우리가 영어를 공부할 때는 이 경계선에 더 신경을 써서 추론과 추측을 구분하는 노력을 해야 한다. 우리말로 할 때보다 영어로 문상을 쓰거나 말할 때, 또는 영어 글을 읽을 때는 표현의 정확성과 구체성에 더 신경을 써야 한다.

이렇듯, 영어에서의 논리는 구체성과 정확성으로 표현된다. 우리말처럼 두리뭉실하거나 광범위하게 표현하는 걸 별로 좋아하지 않는다. 미국 문화에서는 그런 문장을 제일 싫어한다. 그래서 문장 표현 하나라도 더 깐깐하게 따지는 경향이 있다. 단어나 표현의 좋고 나쁨을 떠나서, 글이 독자에게 제대로 이해가 될 수 있게 자세하고 논리적 결함이 없게 써졌는지, 그 기준이 우리말보다는 조금 더 엄격하다고 보면 된다. 학교에서 이런 연습을 많이 안 해본 우리 학생들에게 추론 문제가 어려운 이유가 바로 이 언어에서 요구하는 논리의 엄격함을 몰라서 생기는 것 같다.

그럼 이런 능력을 키우는 방법에는 뭐가 있을까? 솔직히 문화적 차이라서 뾰족한 수는 없다. 유일한 방법은 역시 영어 글을 많이 읽는 거다. 가능한 한 영어 글을 많이 읽고, 더 좋은 방법은 글을 많이 쓰는 거다. 그 외에는 없다. 그리고 글을 썼으면 당연히 원어민의 검증을 통해 논리가 부족한 부분의 지적을 받아야 한다. 같은 한국 사람이 봐주면 논리면에서 별로 개선될 점이 없을 수 있다. 이처럼 영어에서 요구하는 논리의 수준은 읽기와 쓰기를 통해서 익혀야 한다. 또 앞에서 말했듯이 매체를 통한 미국 문화를 접하면서도 영어의 논리를 배울 수가 있다. 현실적으로 미국에서 살지 않기 때문에 매체(media)를 통해서는 제한적으로 접할 수밖에 없지만, 그래도 여러 매체를 활용하여 미국 문화를 가능한 한 많이 접해서 영어의 논리에 계속 노출되고 익숙해지면 영어 공부에 큰 도움이 된다.

말귀 알아듣기(Topic Sentence)

영국 옥스포드 대학에 재학 중인 학생이 상담을 온 적이 있었다.

대학에서 영어 강의를 듣는데 독해가 힘들다고 상담을 왔다. 그런데 지난 방학 때 한국에서 유명 학원의 리딩 강사로부터 리딩 과외를 받았다고 했다. 그리고 학교를 가서 수업을 듣는데 여전히 힘들다고 했다. 또 한번은 강남의 한 SAT학원을 다니는 학생이 상담을 왔다. SAT 리딩 점수가 낮아 걱정이라고 했다. 그래서 그 학원에서는 어떻게 가르치는지 물어봤다. 그리고 그 가르친 내용이 학생에게 도움이 되는지 물어봤다. 그랬더니 도움이 별로 안 됐다고 했다. 다른 학원을 알아보면 어떻겠냐고 했더니, 그 학원이 이미 세 번째 바뀐 학원이라고 했다. 그 전의 두 학원은 더 유명한 곳였다. 이렇듯 리딩을 제대로 가르치는 학원을 찾기가 쉽지 않다. 거의 모든 유명한 학원의 리딩 전략도 들어보면 그럴듯하거나 뻔한 것들이고 전혀 핵심을 가르치지 않는다. 문제푸는 기술적인 얘기밖에 안 해주고는 문제로 바로 들어간다. 그리고 지문 분석을 많이 하지 않는다. 이게 한국 리딩 교육의 현실이다.

우리가 영어 글을 읽을 때, 우리 글도 비슷하겠지만, 제일 중요한 건 이 글이 도대체 무슨 얘기를 하고자 하는지를 파악하는 거다. 단어를 다 알아도 이 지문이 결국 하고자 하는 말이 무엇인지를 모르는 학생이 너무 많다. 심지어 어려운 단어가 없어서 글 전체가 해석은 되지만, 저자가 결국 하고자 하는 주장이 무엇인지 모르는 학생이 태반이다. 한마디로 말귀를 못 알아듣는다. 이 말귀를 알아듣게 독해를 가르쳐야 하는데 대부분의 영어 학원은 시험준비를 위한 학원이기 때문에 시험볼 때 필요한 기술적인 얘기만 알려주지 글을 깊게 이해하는 것은 가르치지 않는다. 학원에서는 일단 문제를 많이 풀려야 학생이 오니까 영어 글을 깊게 읽는 훈련을 시킬 시간이 없다. (나도 학원을 운영해봐서 학원의 입장도 충분히 이해한다.)

학생의 말귀를 알아듣는 능력을 나는 이렇게 테스트한다. 엄마가 공부 안 하는 아이 방에 들어와 30분 동안 설교를 하고 나가는 얘기를 먼저 해준다. 엄마의 첫 마디인 왜 공부는 안 하고 딴짓을 하냐로 시작하여, 이렇게 공부 안 하면 앞으로 어떻게 할 거니에서부터 공부 안 하고 맨날 놀기만 했던 외삼촌의 인생을 봐라, 너도 그 외삼촌처럼 살래 등 별의별 얘기를 다 하고 나간다는 얘기다. 이 가상의 스토리를 들려주고 학생에게 묻는다. "엄마의 30분 설교의 핵심은 뭐니?" 그럼 학생들의 대답이 비슷하면서도 참 다양하다.

"공부 안 하면 인생 망친다는 거요."
"내가 공부 안 해서 속상하시다는 거요."
"외삼촌처럼 루저가 되지 말라는 거요."

등등 엄마가 들려줬던 얘기 중 본인 인상에 깊게 남았거나, 순간적으로 기억에 떠오르는 얘기로 대답을 한다. 그리고 그게 엄마 설교의 핵심 메시지인 줄 안다. 엄마가 무슨 얘기를 했는지 다 알아들었지만 핵심이 뭐냐고 하면 위와 같이 다양한 대답들을 한다. 고등학생만 이런 게 아니다. 우리나라 대학생도 비슷하다. 그동안 독해를 잘못 배워왔기 때문이라고 생각한다.

학생들이 이렇게 대답하는 이유를 조금 더 자세히 들여다보면 다음과 같은 사실을 알 수 있다. 엄마의 설교를 다 듣고 핵심 메시지가 무엇이냐고 물어볼 때 학생은 자기 머릿속에 가지고 있던 자기만의 여러 가지 생각, 정보, 지식, 편견, 성향 등을 사용하여 엄마의 말을 필터링을 해서 핵심 메시지를 끄집어낸다. 독해는 절대로 이렇게 하면 안 되는데 99%의 학생이 이렇게 한다. 이렇게 하면 안 되는 이유는, 이런 식으로 머릿속에서 프로세싱(processing)하여 결과를 내면 그건 자기가 핵심이라고 생각하는 내용이지 엄마가 전달하고자 했던 핵심 메시지가 아니기 때문이다. 다시 말해서, 글쓴이(여기서는 엄마)의 의도를 파악할 때는 글쓴이의 글(엄마의 말)에서 그 의도를 끄집어내야지 자기 머릿속에서 가공하여 꺼내면 안 된다. 엄마의 설교의 핵심은 '왜 공부를 안 하고 딴짓하고 있느냐'이다. 이걸 영어에서는 Topic Sentence(주제문)라고 한다. 바로 이 주제문 찾는 훈련을 많이 못해서 우리가 영어 글을 읽고 그 글의 핵심 메시지를 잘 못 찾는다.

이렇게 작가의 글에서 핵심 메시지를 끄집어내는 능력을 키우는 것이 영어 독해에서 가장 중요한 내용이다. 보통 영어 글을 읽을 때 너무나 쉽게 자기식대로 글을 변환(transform)해서 이해를 하려고 하는데 이건 영어 독해력 향상에 아주 안 좋은 습관이다. 이 습관을 고치지 않으면 작가의 의도와는 다르게 글을 해석하게 된다. SAT, GRE, GMAT 등 모든 미국 영어 시험의 독해 부문에서 항상 물어보는 문제가 이 주제문을 찾는 문제인데, 이렇게 늘 물어보는 이유는 이 주제문을 파악할 줄 아는 능력이 바로 말귀를 알아듣는 능력이기 때문이다.

한 지문의 주제문을 찾는 방법은 내용이 너무 길어서 여기서 생략하고 대신 주제문을 공부할 수 있는 방법에 대해서 알려주겠다. 인터넷에서 주제문에 대해 검색해보면 많은 내용이 나오는데 제대로 설명해준 곳은 드물다. 모두 뻔한 얘기만 하고 어떻게 주제문을 찾아야 하는지 정확히 말해주는 곳은 없다. "주제문은 너무 상세하거나 너무 광범위한 문장은 안 된다." 정도의 원론적인 얘기만 한다. 시중의 참고서도 마찬가지다. 그래서 주제문을 제대로 알고 정확하게 찾는 방법을 공부하려면 미국 라이팅 교재를 봐야 한다. 인터넷에서 Academic Writing 교재를 검색해서 아무 책이나 들여다보면 주제문(topic sentence)과 보충문(supporting sentence)을 구별하는 법이 나온다. 이런 교재를 보고 익혀야 한다. 미국 학생들은 라이팅 시간에 이런 교재로 주제문 쓰는 법을 배운다. 그리고 이런 교재의 영어는 그렇게 어렵지 않다. 조금 어렵더라도 영어 공부가 될 테니 이런 공부는 미국 교재로 하는 걸 추천한다.

이제 주제문의 중요성에 대해 알았으니 앞으로는 영어 글을 읽을 때 이 점을 명심하자. 글의 세부적인 내용을 이해하려고 하는 것보다 글 전체의 핵심 메시지, 즉 이 글이 무엇에 대한 얘기를 하는 건지를 말해주는 주제문을 찾으려고 노력하자. 글의 주제문을 알아야 하는 건 우리글을 읽을 때도 당연히 해야 하는 것이지만, 한글은 우리말이기 때문에 주제문을 찾는 게 영어보다는 덜 어렵다. 영어는 아무래도 언어가 다르고 말의 논리 구조나 전개도 다르고, 또 글 전체의 구조가 우리말과 다르기 때문에 조금 더 어렵다. 게다가, 영어는 돌려말하는 등 우회적 표현이 많기 때문에 우리에게 더 어려울 수 있다. 또한 영어 글을 읽을 때는 단어나 숙어, 그리고 지문과 관련된 세부적인 내용에 너무 몰두하는 경향이 있어 글 전체를 넓게 보고 글의 핵심 메시지를 찾으려는 데는 노력을 많이 안 하게 된다. 이런 면에서 영어 문제집을 푸는 것이 오히려 글의 핵심을 찾는 공부에는 해가 될 수도 있다. 문제집을 공부하다 보면 지문에 관련된 문제에 너무 몰두하기 때문에 그럴 수 있다. 그래서 평소에는 독서를 하고 문제집은 영어 시험을 위해서 푸는 게 맞는 영어 공부법이다. 앞서 말했듯이, 이제는 글을 읽을 때마다 단어 외우기에만 신경 쓰지 말고 주제문 찾는 훈련을 해야 한다. 이런 훈련이 되어 있어야 영어 독해력이 향상한다.

"그래서 뭐? So What?"(Main Idea)

주제문과 관련해서 영어 독해를 할 때 알아둬야 할 또 하나의 중요한 개념이 있다. 바로 주제문과 짝을 이루는 글의 요지(main idea)다.

글의 요지는 "주제문(topic sentence) + 저자의 견해(Author's view)"로 정의할 수 있다. 이 main idea에 대한 정의도 인터넷이나 각종 교재에 보면 천차만별이다. 하지만, 위에 정의한 대로 알고 있으면 확실하다. 글을 읽으면서 주제문을 생각하고 글을 다 읽고 나서는 "그래서 뭐(So what?)? 그래서 저자는 어쨌다는 건가?"를 자신에게 물어 저자가 주제문에 대해서 어떤 견해를 가지고 있는지 찾아내는 연습을 해야 한다. 이렇게 하면 그 글에 대한 전체적인 이해가 완성된다. 앞으로 글을 읽을 때는 단어를 많이 외우는 게 주된 목표가 아니고 주제문과 요지를 찾는 것을 가장 중요한 목표로 정하고 이 훈련을 계속 해야 한다. 그래야 영어의 논리가 더 잘 이해되고 독해력이 향상한다.

Ch 4-2

생각보다 드라이(dry)한 언어

영어의 소박함(Down to earth)

학생들 에세이를 지도하다 보면 자주 느끼는 것이 우리 학생들은 고급스런 단어나 문장 쓰는 것을 참 좋아한다는 사실이다. 특히 단어 선정에 있어서, 어떤 단어가 자신이 하고자 하는 말을 가장 잘 표현해주는지를 생각하기보다 어떤 단어가 더 고급스러운 단어인지에 신경을 많이 쓴다. 약간 어려운 수준의 단어를 쓰면 글의 질이 올라간다고 생각하는 학생도 있다. 그런데 이 학생들이 영어로 글을 쓸 때는 그 대상이 주로 미국 사람이기 때문에 그 사람들이 보는 관점도 생각을 해야지 본인이 느끼기에 고급스러운 표현이나 유식해 보이는 단어만 생각하면 안 된다. 오히려 글의 질(quality)을 더 해칠 수가 있다.

일단 미국사람들은 우리보다는 더 실용적인(practical) 관점을 가진 사람들이기 때문에 글에서 허세나 거만함이 보이는 표현에는 거부감을 많이 느낀다. 우리보다 아주 많이 느낀다. 영어에 down to earth라는 표현이 있는데, 우리말로 "성격이 털털한, 편한, 가식없는, 진솔한" 등의 뜻으로 해석할 수 있다. 에세이도 이런 down to earth한 글을 더 좋아한다. 그런데 우리는 반대로 이런 식으로 쓰면 글의 수준이 더 떨어지는 줄 안다. 그래서 한국 학생의 90%는 이렇게 쓰는 걸 선호하지 않는다. 한국 어른들도 이런 글을 좋아하지 않는다. 미국에서 유학 생활을 오래 하여 미국 문화를 많이 경험한 사람도 이런 글을 그렇게 좋아하지 않는다. 한국 사람은 대부분 이런 글은 평범하고 수준이 낮다고 보는 것 같다. 영어 글을 쓸 때 두 문화의 차이가 이렇게 크게 나타난다. 그래서 우리가 생각하는 좋은 글과 미국 사람이 생각하는 좋은 글은 많이 다르다.

아무튼, 영어를 배우는 입장에서는 단어나 표현을 너무 거창하게 하거나 어려운 고급 어휘를 쓰는 건 자제해야 한다. 그렇다고 너무 초등학생 수준의 표현을 써도 된다는 뜻은 물론 아니다. 우선 본인의 현재 수준에서 글을 쓰는 연습을 많이 해야 한다. 그런 후에 어휘를 어떻게 하면 한 단계 올릴 수 있는지, 문장의 표현을 어떻게 하면 더 업그레이드 할 수 있는지를 생각하는 게 좋다. 처음부터 멋있게 쓰려는 사람들이 있다. 최악의 글을 쓰는 지름길이다. 한국 사람 중에 멋있는 영어 글을 쓸 수 있는 사람은 극히 소수다. 그렇기 때문에 우리 대부분은 각자 가지고 있는 어휘력으로 글을 많이 쓰는 연습을 하는 게 중요하다. 걷지도 못하는데 달리기를 연습하려고 하면 안 되고 걸음마부터 차근차근 진행해야 한다. 이러다 보면 글이 좀 무미건조하고 화려하지 않게 보일 수 있다. 그런데 본인이 하고자 하는 말을 정확하고 솔직한 단어로 제대로 표현했는지가 중요하지 글이 얼마나 화려한지가 중요한 게 아니다. 평범하고 일반적인 수준의 글을 잘 써야 나중에 더 멋있는 글을 쓸 수가 있다. 영어에는 또 비슷한 뜻을 가진 동의어가 많다. 그중에서 어떤 단어가 지금 쓰려는 말을 제일 잘 표현해줄까? 이 단어는 다른 동의어에 비해 어떤 어감이 더 강한가? 이런 구분을 할 줄 아는 것이 더 중요하다. 그러기 위해서는 역시나 많은 문장을 읽어봐야 한다.

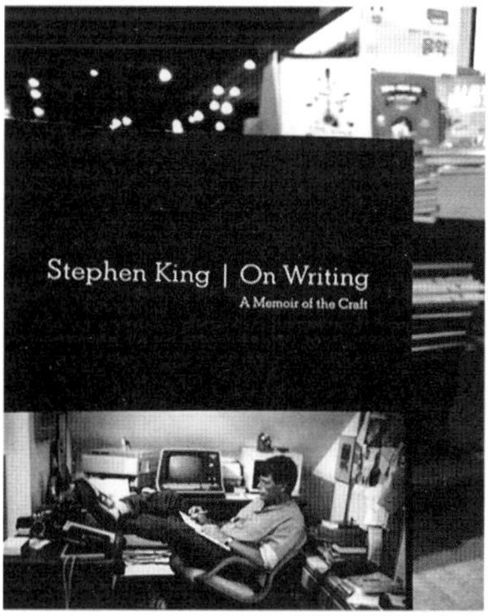

호러 소설의 대가 스티븐 킹(Stephen King)이 영어 글쓰기에 대해 자서전 스타일로 쓴 On Writing이란 책이 있다. 이 책은 딱딱한 형식에 구애받지 않고 대화체 형식으로 격식없이(informal) 써서 읽기가 편하다. 그리고 중간중간 유머도 많아 꽤 재밌게 쓴 책이다. 세계적인 작가라고 자기 분야에 대해 거드름을 피우거나, 고상한 척 또는 유식한 척하지 않고 아주 진솔하게 썼기 때문에 읽는 사람에게 거부감이 전혀 안 든다. 그래서 제목도 On How to Write Well(잘 쓰는 방법에 대해)가 아니고 그냥 On Writing(쓰기에 대해)이라고 하지 않았을까 싶다. 책 앞머리에도, "이 책은 짧게 썼다. 왜냐하면 대부분의 작문책은 bullshit(헛소리)이 많아 너무 길다."라고 못을 박았다. 본문에도 "화려한 단어로 치장 좀 하지마라."라는 부분이 나온다. 이렇듯 영어에서 화려하고 고급스러운 어휘는 많은 사람의 눈살을 찌푸리게 한다. 미국 사람도 이렇게 생각하는데 영어를 배우는 우리로서는 당연히 화려하고 고급스러운 단어에 신경을 쓸 필요가 없다. 다시 한번 강조하지만, 쉽고 평범한 단어라도 그 쓰임새를 제대로 알고 쓰는 것이 가장 중요하다.

너무 멋있는 표현만 찾다가 잘못된 예를 하나 소개하겠다. 영어 에세이를 지도하다 보면 10년 전이나 지금이나 제일 많이 듣는 얘기 중 하나가 이거다.

"선생님, 어휘나 문장 스타일이 너무 평범한 것 같아요. 단어 수준이 너무 낮지 않나요? 좀 더 고급스러운 단어를 써야하지 않을까요?"

이런 얘기는 에세이의 내용과 구성이 다 갖춰져 하나의 글로 완성된 후에 다듬기 단계에서 생각할 문제고, 그 단계에서도 단어 수준을 더 고급스럽게 할지 말지는 신중하게 생각해야 한다. 그런데 많은 경우 에세이를 쓰는 과정에서 좋고 멋있는 단어를 넣고 싶어 한다. 제일 큰 문제는 단어와 표현을 바꿈으로써 에세이의 퀄리티가 올라갈 것으로 생각한다. 물론, 고등학생이나 대학생이 초등학교 수준의 표현을 쓰는 건 안 되지만, 평범한 단어와 일반적인 표현을 쓴다고 에세이의 퀄리티가 낮은 게 아니다. 퀄리티가 낮은 에세이는 아무리 화려한 표현을 많이 써도 그 글이 전하는 심오함이 없는 에세이다. 그래서 읽는 사람이 별 감흥을 못 느끼는 에세이가 질이 낮은 에세이다. 그리고 글의 심오함은 단어나 표현으로만 전해지는 게 아니다. 한국 학생들을 보면 글의 수준을 더 올리기 위해 평범한 단어를 놔두고 어려운 단어를 써서 오히려 더 어색한 문장을 만드는 실수를 자주 범한다. 아직도 기억나는 문장이 있는데,

"When I was five years old, I used to gaze out the window and reflect on the view."

이라고 쓴 나름 글을 잘 쓰는 학생이 있었다. 이 문장과 아래 문장을 비교해 보자.

"When I was five years old, I used to look out the window and enjoy the view."

이 두 문장의 차이라면 우선 gaze와 look이라는 단어가 다르다. Gaze(응시하다)가 look(단순히 쳐다보다)보다는 더 구체적인 표현이다. 그렇다면 이 문장에서 gaze를 쓰는 게 조금 더 고급스럽게 보이지 않을까라고 생각할 수 있지만 꼭 그렇지만은 않다. 왜냐하면, 이 문장은 다섯 살짜리 아이의 행동을 묘사하고 있다는 사실도 함께 생각해야 하기 때문이다. 다섯 살짜리 아이가 gaze 한다는 건 약간의 과장된 또는 조금 거창한 표현일 수가 있다. Gaze는 look처럼 단순히 쳐다보는 게 아니고 우리말로 하면 "응시하다, 어떤 관념에 빠진 상태에서 한 사물을 쳐다보다"라는 뜻이기 때문에 다섯 살짜리 아이가 마치 중년의 어른이 사색에 빠져 무언가를 골똘히 쳐다보는 듯한 인상을 준다. 문장이 조금 어색한 감이 없지 않다. 여기서는 look이 이 아이의 행동을 묘사하기에 적당하다.

또 하나의 차이는 뒷부분의 reflect on the view와 enjoy the view이다. 이 부분도 다섯 살짜리 아이의 행동의 묘사라고 하기엔 약간의 과장이 느껴진다. 어린아이가 창밖의 광경을 보고 사색에 빠진 듯한 인상을 줘서 이 문장은 안 어울리는 화려한 옷을 입은 느낌이 든다. 다섯 살짜리 아이면 그냥 enjoy the view라고 "경치를 즐겼다" 정도가 적합하다. Enjoy라는 너무나 평범한 단어를 쓰기보다 뭔가 조금 더 고급스럽고 무게감 있는 단어를 쓰고 싶어서 reflect를 쓴 거였는데 문장을 오히려 더 이상하게 만들어놨다.

이처럼 영어는 보이는 것보다 그 내용에 신경을 더 많이 써야 한다. 어떤 단어나 표현이 내가 원하는 뜻을 가장 적절하게 나타내는지를 고민하는 게 무엇보다도 중요하다. 멋스럽고 화려하고 고급스러운 어휘를 쓰면 내 자신이 보면서 흐뭇할지는 몰라도 읽는 사람에게는 거북함 내지는 언짢음까지 줄 수 있다는 걸 명심해야 한다. '보다'라는 뜻의 gaze와 look의 구별도 이처럼 간단한 문제가 아니고 큰 차이를 준다. 너무 외형에만 신경쓰다 보면 더 중요한 내실에 소홀해질 수가 있다.

이런 점이 우리나라 학생들이 영어 에세이에서 보여주는 치명적인 결함이다. 그래서 영어 글을 쓸 때의 바람직한 자세는, 눈에 보이는 고급스러운 단어나 표현은 나중에 생각하고 표현의 정확성과 글의 내용에 신경을 써야겠다는 마음가짐이다. 이런 자세로 쓴 다음에 단어나 표현은 양념을 치듯 맛깔나게 고쳐주면 좋다. 화려한 고명만 많다고 맛있는 음식이 되는 게 아니고 소금과 후추만 뿌려도 기막히게 맛있는 스테이크가 나오듯이 영어 글도 그래야 한다.

영어의 깐깐함(Strict)

영어는 규제가 참 심한 언어다. 문법 공부를 시작하는 사람이나 영어가 어느 정도 익숙한 사람까지 늘 우리를 괴롭히는 게 주어-동사 일치, 시제 일치, 수 일치 등의 심한 문법 규제다. 이런 규제 외에 우리가 좀처럼 신경을 쓰지는 않지만, 영어에는 매우 중요한 규제가 또 하나 있다. 이것도 라이팅과 관련이 있는 얘기지만 영어라는 언어를 이해하는데 크게 도움이 되므로 여기 소개하고자 한다.

앞에서도 한 번 얘기했지만, 고등학생부터 직장인까지 영어 글을 봐주다 보면 자주 눈에 띄는 안 좋은 습관이 하나 있다. 바로 자기 머릿속에 있는 내용과 글에 있는 내용이 같다고 혼동하는 거다. 이런 현상을 보여주는 예가 많이 있지만 그 중에 대표적인 것 하나를 꼽자면 앞의 내용을 가리킬 때 대명사를 써서 받는 경우다. 한국 학생들이 많이 쓰는 표현 중에 "This is because…"가 있는데, 학생한테 이 "This"가 뭐냐고 물어보면 그건 앞에 나온 내용이라면서 그 내용에 대해 더 자세히 설명을 해준다. 그럴 때마다 내 반응은 똑같다.

"아, 그렇구나. 이제야 여기서 This가 무엇을 가리키는지 알겠다. 그럼 이제 나한테 했던 그 설명을 여기 쓴 This 대신에 적어봐. 네 머릿속에 있는 내용을 글에 쓰지 않으면 읽는 사람은 그걸 정확히 알 수가 없어. 읽는 사람은 이 This가 그렇게 많은 내용을 담은 대명사인 줄 몰라."

이처럼 this나 that, which 같은 대명사에 부담스러울 정도로 많은 내용을 담는다. 그리고는 읽는 사람이 저 대명사에 담긴 모든 내용을 스스로 알아서 유추해 낼 수 있을 거라고 생각한다. 가만히 보면, 이게 우리말과 영어의 차이에서 오는 현상이 아닌가 싶다. 우리는 대충 "그게, 그것이"라고 써도 이해가 쉽다. 그런데 영어의 대명사는 우리의 대명사보다 그 포함하는 내용의 범위가 더 작고 구체적이다. 이런 면에서 영어가 우리말보다 더 깐깐한 것 같다. 또한 우리의 언어 문화는 "그 정도 말했으면 웬만한 경우 다 알아듣지 않나?" 하는 마인드가 있는데 영어권 국가의 사람들은 그렇지가 않다. 문제는 우리의 이런 사고방식이 영어로 글을 쓸 때 은연중에 나온다는 거다. 이 this나 that같은 대명사에 한 단어가 감당하기엔 너무나 많은 내용을 담는 건 영어 라이팅에서 절대 금물이다. 대명사 한 개가 가리키는 많은 내용을 글의 앞부분에서 찾게 하는 글은 잘못된 의미를 전달할 수 있기 때문에 좋지 않은 글이다. 그래서 영어 라이팅을 할 때 이점에 매우 유의해야 한다.

영어의 명확함(Clear)

우리의 영어 능력에서 제일 문제가 되는 것은 독해, 쓰기, 말하기, 영문법, 또는 어휘력이 아니고 바로 문장의 해석이다. 독해 이전에 해석에서부터 문제가 많이 발생한다. 안타까운 것은 우리 교육에서 영어 문장의 해석이 사라진 거 같다. 단어 암기는 상당히 중요하게 생각하면서도 해석에 대한 중요성은 그에 못 미치는 것 같다. 그래서 그런지 학생들에게 해석을 시켜보면 너무나 많이 틀린다. 아주 심할 정도로. 문장 해석을 잘 못하는 이유는 해석하는 방법을 제대로 배우지 못해서다. 보통 해석을 할 때 문장 속의 단어들의 뜻을 먼저 파악한 다음에, 자기의 영어 지식과 주관적 편견을 동원해서 각 단어의 뜻을 머릿속에서 조합하여 해석한다. 영어 문장은 영문법에 근거하여 기계적으로 해석하는 메커니즘이 있다. 그런데 이 메커니즘을 완전히 무시하고 자기 마음대로 단어를 조합하여 해석한다. 그렇기 때문에 같은 문장도 여러 사람이 해석하면 뜻이 제각기 다르게 나오고, 심지어 똑같은 문장을 시간적 간격을 두고 한 사람에게 해석을 시킬 때 처음의 해석과 나중의 해석이 다르게 나오는 경우도 있다. 다음 분사구문을 예로 들어 보자.

Walking alone in the park, a dog barked at me.

이 문장은 내가 분사구문의 해석을 가르칠 때 꼭 쓰는 일명 "강아지 문장"이다. 그동안 학생들을 보면 90%의 학생이 이 문장을 "공원을 혼자 걷고 있던 나에게 어떤 개가 짖었다"로 해석한다. 이렇게 해석하는 이유는 학생들이 각 단어의 뜻을 모두 파악한 후 본인 머릿속에서 자기가 생각하기에 적당한 문장이 되도록 이 단어들을 끼워 맞춰서 해석했기 때문이다. 분사구문처럼 특정한 구성을 가진 영어 문장을 이렇게 본인 판단으로 해석하면 완전히 틀린다. 앞서 1장에서는 1형식에서 5형식 문장의 구조에 구애받지 말고 문장을 자유롭게 해석하는 연습을 하라고, 여기서 한 말과 완전히 반대되는 말을 했다. 그 이유는, 1형식에서 5형식의 기본 구조의 단문인 경우, 단어의 뜻만 조합해서 해석하는 연습을 하는 게 더 좋기 때문이다. 너무 형식에 구속되는 해석을 하다보면 영어의 활용에 제한을 받기 때문이다. 모든 단문이 1형식에서 5형식의 틀에 딱 맞게 쓰인 것이 아니고 그 변형도 많다. 그래서 기본구조의 단문은 가급적 자유롭게 해석하는 연습이 필요하다. 하지만, 위와 같은 분사구문이나 관계대명사절이 연결된 복잡한 구조의 문장은 반드시 어떤 부분을 먼저 해석하고, 그것을 나머지 부분과 어떻게 연결해야 하는지 해석 규칙에 따라야 한다. 규칙에 따라 해석을 안 하면 복잡하고 긴 어려운 문장의 해석이 힘들어져 영어 실력이 좀처럼 향상되지 않는다.

이런 규칙 중에 제일 중요한 것이 바로 분사구문의 해석 규칙이다. 분사구문의 해석은 "(분사구)인 (주어)가 (동사)했다." 이렇게 기계적으로 해석해야 한다. 이 메커니즘을 위 문장에 적용하면 "공원을 혼자 걷고 있던 개가 나한테 짖었다"가 된다. 이게 맞는 해석이다. 그동안 90%의 학생들이 해왔던 "공원을 혼자 걷고 있던 나에게 어떤 개가 짖었다"는 해석과는 완전히 딴 뜻이 돼 버렸다. 분사구문의 해석 규칙을 따르지 않으면 이렇게 큰 오류를 범하게 된다.

이렇게 해석 규칙을 따르지 않으면 긴 문장에서 주어와 동사도 제대로 못 찾는 경우도 생긴다. 주어와 동사를 못 찾은 상태에서 하는 문장의 해석은 아무 의미가 없다. 그런데 해석 규칙을 알면, 모르는 단어가 끼어있는 문장도 어떤 구조로 되어있는지가 파악되어 대충이라도 그 문장의 의미를 추측할 수 있다. 만약 위와 같은 분사구문에서 모르는 단어들이 나왔다고 해도 모르는 단어는 빈칸으로 남겨 두고 "~한 누군가가 무슨 짓을 했다" 정도로 문장 구조가 보이면 반은 성공한 거다. 그런데 여기까지도 해석을 못하면 더 이상 진전하기 힘들다. 이런 해석 규칙을 자주 반복해서 연습하다 보면 문장의 구조가 눈에 더 익숙해지고, 그러다 보면 해석 실력이 꾸준히 향상한다. 그런데 처음부터 해석 규칙을 모른 상태에서 해석을 하다 보면 해석이 맞을 때도 있고 위와 같은 "강아지 문장"에서는 틀릴 수도 있다. 이런 사람은 아는 단어가 많은 문장이 나오면 해석이 상대적으로 쉬워지니 해석이 맞을 때도 있고, 모르는 단어가 많이 나오면 해석을 많이 틀리게 된다.

이렇게 해석의 규칙에 맞게 문장을 하나하나 해석시키면 대체로 많이 나오는 반응이, "그렇게 일일이 해석해서 언제 영어 실력이 늘까?"인데 이런 마인드로 영어 공부를 하면 절대 안 된다. 시작은 더딜지 모르지만 그 더딘 훈련을 통해 영어의 명확함이 몸에 익숙하게 되고, 그런 다음에만 더 상위 레벨의 영어가 가능하게 된다. 영어 문장은 아는 단어의 뜻으로 대충 조합해서 해석하는 게 아니고 명확하게 해석하는 규칙이 있다는 걸 명심하자.

10달러짜리 아이디어와 5센트짜리 문장

마지막으로, 어떤 영어가 고급 영어인지 영어 전문가라고 할 수 있는 사람의 얘기를하나 소개하겠다. 법전을 읽고 판결문을 쓰는 게 업인 미국 대법관 클래런스 토마스(Justice Clarence Thomas)가 글에 대해 의미심장한 말을 했다.

"중요한 아이디어를 쉬운 언어로 표현하는 아주 간단한 방법이 있다. 5센트짜리의 아이디어를 10달러짜리의 문장에 쓰는 게 아니라, 10달러짜리의 아이디어를 5센트짜리의 문장에 쓰는 게 글쓰기의 진수다. 그게 아름다움이고, 그게 에디팅이고, 그게 글쓰기다."

"There are simple ways to put important ideas into language that are accessible. The beauty, the genius is not to write a five-cent idea in a ten-dollar sentence; it's to put a ten-dollar idea on a five-cent sentence. That's beauty, that's editing, that's writing."(Justice Clarence Thomas)

영어는 이렇듯 화려하거나 멋스럽지 않고 생각보다 아주 드라이(dry)한 언어다. 적어도 영어를 배우면서 좀 더 고급스럽고 멋있는 표현을 원하는 우리에게는 그렇다. 거의 이중언어 사용자(bilingual) 수준의 영어 실력을 구사하는 게 아니라면 화려하고 고급스러운 단어나 표현에 신경을 쓰지 말고, 평범하고 드라이(dry)하더라도 단어의 정확한 뜻을 파악하는 것에 신경을 써야 좋은 영어 실력을 갖출 수가 있다. 오랫동안 영어를 해도 자신의 문장이 고급스럽지 못하고 평범해 보인다고 느낄 수 있다. 하지만, 그 단계를 마스터하지 못하고 너무 고급스럽거나 유식한 표현만 찾다보면 돼지 목에 진주 목걸이 같

은, 읽거나 듣기가 아주 거북한 영어를 하게 된다. 앞으로는 영어 공부를 할 때,

"선생님, 제 단어나 표현이 너무 평범한 거 같아요."라고 말하기보다,

"선생님, 제 단어가 이 상황에서 정확한 표현인가요?"를 묻는 자세를 가져야 한다.

Ch 4-3

수염 독수리(Bearded Vulture)

살코기보다는 뼈가 중요

한 남학생이 자꾸 주어-동사를 제대로 안 보고 문장을 해석하려고 했다. 주어-동사의 짝이 문장 해석에서 얼마나 중요한지 수차례 얘기를 해줘도 계속 이해를 못하는 것 같아서 비유를 들어 설명을 해줬다.

나 : 넌 여자를 처음 보면 어딜 보니?

학생 : 발목요.

나 : 희한한 놈이네. 야, 넌 얼굴도 보기 전에 발목부터 보냐?

학생 : 아 ㅋㅋ 아뇨 얼굴 먼저 보죠.

나 : 얼굴 어디?

학생 : 눈이겠죠.

나 : 영어 문장을 읽을 때 제일 먼저 볼 곳은 주어와 동사야. 주어와 동사는 여자의 두 눈야. 그러고 나서 발목을 보든지 발뒤꿈치를

보든지 하는거야. 알겠지?

학생 : ㅋㅋㅋ 네.

영어 독해할 때 범하는 제일 큰 오류가 주어와 동사에 별로 신경을 안 쓴다는 점이다. "설마 그럴 리가?"라고 생각하겠지만, 해석을 시켜보면 대부분의 학생이(고등학생뿐만 아니라 대학생도) 문장의 큰 틀인 주어-동사 부분의 해석을 놓친다. 예를 들어, 주어-동사 부분이 "한국인은 ~을 행복이라고 생각한다"라는 문장이 있다고 해보자. 그런데 이 문장의 중간에 많은 구와 종속절과 삽입구가 들어가서 문장 구조가 복잡해지면, 그 복잡한 부분의 해석에 집중하다가 문장의 큰 틀이 "한국인은 ~을 행복이라고 생각한다"라는 사실을 잊어버리게 된다. 그러다 보면 해석의 끝에 가서 "한국인은 ~을 행복하다고 말했다"라는 식으로 동사부분의 해석을 다르게 끝내는 경우를 많이 보게 된다. 해석에서 절대 이런 현상이 일어나면 안 된다.

이 현상은 우리말과 영어의 차이점 때문에 올 수 있다고 본다. 우리말은 문장에 주어가 생략되는 경우가 많고 주어를 명시하지 않아도 문장을 이해하는데 큰 지장이 없을 때가 많다. 그러나 영어는 주어를 생략하는 몇몇 예외적인 케이스를 제외하고는 주어가 없는 문장은 없다. 그런데 많은 학생이 이 주어와 그 짝인 동사에 관심을 안 주고 오히려 문장의 다른 부분에 더 많은 주의를 기울이며 문장을 해석한다. 그러다 보니 해석을 완성시킬 때의 동사 부분의 해석을 틀리게 하는 경우가 많다.

그래서 영어 문장의 해석은 주어와 동사의 틀, 즉 문장의 뼈대 부분을 먼저 튼튼하게 잡아놓고 나머지 부분을 채워넣는 식으로 해석해야 한다. 이 틀을 먼저 만들어놓기 위해서 제일 먼저 주어와 동사를 찾아야 한다. 주어와 동사 사이의 긴 구를 해석하려고 하지 말고 주어와 동사를 먼저 찾아서 틀을 먼저 세워놔야 한다. 예를 들어, 다음 문장에서,

The period during which coastal waters draw back before a tsunami usually lasts only 10 or 20 minutes, too little time to get all the children of Israel across the temporarily dry seabed.

주어는 period(기간), 동사는 lasts(지속하다)이다. 그럼 이 두 단어 사이의 많은 설명은 신경쓰지 말고 일단 "기간은 ____ 지속한다"라는 틀을 먼저 만들어놓고 시작해야 한다. 그리고는 이 "기간(period)"을 설명하는 during ~ tsunami까지 해석을 하고, "지속하다(lasts)"를 보충설명해주는 only ~ minutes 부분을 해석해서 붙여주면 된다. 그러면 해석이,

"쓰나미가 오기 전 해안가의 물이 빠진 기간은 대개 10에서 20분만 지속한다."

로 될 수 있다. 그 뒤에 too little time ~ 부분은 따로 해석해서 앞의 "10에서 20분"의 보충설명으로 붙여주면 되고. 그래서 전체를 해석하면,

"쓰나미가 오기 전 해안가의 물이 빠진 기간은 대개 10에서 20분만 지속하는데, (이 시간은) 이스라엘의 모든 어린이들을 잠시 동안 마른 해저를 건너게 하기에는 너무나 부족한 시간이다."

여기서 알 수 있듯이, "~한 기간은 ~ 지속한다"라는 틀을 먼저 갖추고 나머지 부분을 해석해서 이 틀 사이사이에 넣어야지, 이 틀을 먼저 세우지 않고 해석을 앞에서 뒤로, 혹은 뒤에서 앞으로 하려고 하면 해석이 꼬이게 된다.

이렇게 큰 틀에서 시작하여 안으로 조금씩 좁혀들어가는 해석을 하는 연습을 해야 한다. 문장이 조금만 길어지고 내용이나 표현이 살짝 어려워지면서 분사구문에 관계대명사절이 붙기 시작하면 주어와 동사의 틀 없이는 해석이 힘들어진다. 그런데 많은 사람들이 문장의 뼈대인 주어-동사의 틀을 만들지 않고 앞에서부터 순서대로 단어나 구의 의미를 파악해가면서 해석한다. 그래서 해석이 어려워진다. 여기서 재밌는 사실은, 해석이 잘 안 되는 원인이 주어-동사를 제외한 나머지 부분의 해석을 정확히 못했기 때문이라고 생각한다. 그래서 문장의 다른 부분, 특히, 긴 수식구에 더 집중해서 해석

을 하려고 한다. 사실은 주어-동사의 틀을 잘 세우지 못해서 해석이 안 되는 거다.

영어 작문과 회화에서도 마찬가지다. 간단하고 평범하게 쓰더라도 문장의 뼈대만 튼튼하다면 설령 잘못 썼더라도 쉽게 고칠 수가 있다. 매해 우리나라 대학생들에게 영어 라이팅을 지도하면서 느끼는 게 생각보다 짧고 쉬운 문장을 잘 못쓴다는 거다. 일상적인 간단한 문장은 생각보다 잘 못쓰고, 대신 좀 어렵고 길게 쓰려고 애쓴 흔적이 보이는 문장들은 많이 보인다. 예를 들어,

"I was raised in a typical Korean family with a strict father and a loving mother which made me feel blessed to have a peaceful and wonderful family."

길게 쓰려다보니 관계대명사 which도 좀 이상하다. 아버지는 엄하시고 어머니는 사랑을 주시는 분인데, 평화롭고 아름다운 가족을 가지게 된 것을 감사하게 생각하는 대상이 가족인지 어머니인지도 불분명하다. 별 생각없이 읽으면 그럴 듯하지만, 관계대명사의 수식관계를 자세히 따져보게 만드는, 그리고 읽는 사람에게 편하게 읽히는 문장이 아니다. 만약 본인이 긴 문장을 쓸 능력이 안 된다고 느끼면 간단하게 잘라서 쓰기 바란다. 아래처럼 먼저 써보자.

I was raised in a typical Korean family. While my father was strict, my mother was loving. I felt blessed for having a peaceful and wonderful family.

이것도 고칠 여지가 있지만 이게 훨씬 낫다. 왜냐하면, 주어-동사로 이루어진 짧은 문장들이지만, 중간에 적절한 접속사로 문장과 문장의 연결이 부드럽고, 무엇보다도 읽는 사람이 이해하는 데 어려움이 전혀 없는 문장으로 이루어져 있기 때문이다. 영어를 배우는 입장에서는 문장을 이렇게 또박또박 쓸 줄 아는 것이 제일 중요하다. 다시 말해서, 짧더라도 뼈대가 튼튼한 문장을 정확하게 쓸 줄 아는 것을 최우선으로 생각하고 써야 한다. 관계대명사와 분사구문으로 이루어진 장황하고 긴 문장을 쓰기가 아직 힘들다면 무리하게 쓰지 않는 것이 좋다. 대신 적절한 접속사를 군데군데 잘 섞어주는 게 좋다. 사실, 적당한 접속사를 쓸 줄 아는 능력이 훨씬 더 중요하다. 분사구문과 관계대명사절의 활용은 그 다음 단계의 문제다.

회화에서도 이 뼈대를 중요하게 생각하지 않는 현상이 두드러지게 나타난다. 영어로 말할 때 간단한 문장을 여러 개 붙여서 말해도 괜찮다. 좀 어린아이 영어처럼 들릴 수 있다. 하지만, 처음엔 다 그렇게 시작한다. 수식구에 수식구를 붙여서 길게 말하려고 하면 오히려 원래 생각했던 주어-동사의 뼈대가 무너지고, 그러다 보면 본래의 의도에서 벗어나는 문장이 될 수가 있다. 아니면, 원래 하려던 문장이 꼬여서 문장을 마무리 짓기 힘든 어중간한 말을 하게 된다. 물론, 대화이기 때문에 이럴 경우 상대 외국인이 잘 받아서 마무리를 져주기는 하지만, 그래도 영어 회화에 있어서 문장을 제대로 끝마칠 수 있도록 연습하는 건 매우 중요한 영어 습관이다. 1-4장에서 소개했던, 아무리 짧은 문장이더라도 질문과 대답은 늘 주어와 동사를 넣어서 하라는 얘기가 바로 이 얘기다.

영어를 잘하려면 이렇게 문장의 뼈대를 중요하게 생각해야 한다. 그리고 문장에서 살코기에 해당하는 수식구나 수식절의 단어나 숙어에 대한 이해는 부차적인 것이고, 문장의 뼈대인 주어와 동사를 명확하게 짚어 낼 수 있는 능력이 영어 실력이다. 더 고급스런 단어, 더 멋있는 표현, 더 화려한 문장을 많이 알고 활용할 수 있으면 좋겠지만, 이런 외형적인 것은 시간이 지나면서 자연스럽게 습득이 되는 것이지 그것부터 공부를 하려고 하면 안 된다. 이상한 영어를 하게 된다. 이렇게 기본을 착실하게 쌓아가야 실력이 향상하고 나중에 수준 높은 영어를 배울 수 있다. 그렇지 않으면 오랜 시간 공부를 해도 실력이 들쭉날쭉하여 공부를 해도 한 것 같지 않은 상태가 지속된다. 살코기보다 뼈를 주로 골라먹는 수염 독수리처럼 영어에서도 살코기보다 뼈를 볼 를 줄 아는 능력이 중요하다.

Ch 4-4

머리 vs 엉덩이

언어 공부라는 것이 그렇다. 머리보다는 엉덩이와의 싸움이다. 우리는 흔히 공부를 요령있게 해야 한다고 생각한다. 그래서 남들이 10시간 공부해서 100점이 나올 때 나는 5시간만 해서 100점이 나오면 이걸 똑똑하다고 했다. 공부를 인풋(input) 대비 아웃풋(output)의 개념으로 생각하여 어떤 방법이 제일 효과적이고 효율적인지를 늘 찾으려고 한다. 그래서 6개월만에 원어민처럼 스피킹을 할 수 있다거나 원서 읽는 것을 쉽게 마스터 하는 법을 소개하는 광고가 계속 나온다. 그런데 다른 모든 언어 공부가 그렇듯 영어는 요령보다 꾸준함과 끈질김이다. 특히, 내가 이 책에서 계속 주장하는 영어책 읽기는 요령을 피워서는 안 된다. 하지만, 그동안 영어 공부를 책 읽는 것과 연결시켜 생각을 해본 적이 없어 성인이 되도 영어 공부를 위해 책을 하나 고르라고 하면 주저한다. 읽기 힘든 것도 있지만 과연 그렇게 해서 영어 공부가 될 건지에 대한 의심이 더 크게 작용하는 것 같다. 그런데 우리가 그동안 많은 방법의 영어 공부를 해봐서 알겠지만 영어 공부에는 뾰족한 수가 없다. 지름길이 없고 옳은 길만이 있을 뿐인데, 이 사실을 알면서도 영어를 공부하는 대부분의 사람들은 옳은 길보다는 지름길만 찾으려고 한다. 옳은 길인 독서만 빼고 다른 방법을 찾으려고 한다. 그러다 보니 영어 실력이 좀처럼 늘지 않는다.

이 책을 여기까지 읽었다면 이제 어떤 것이 제대로 된 영어 공부 방법인지 충분히 알 거라고 생각한다. 2-1장에 소개한 "읽기 혁명"의 저자 스티븐 크라센 교수의 말을 다시 한번 인용하자면, 이 사람은 책을 읽는 것 자체가 영어 공부라고 했다. 책을 읽고 그 책에 관해 문제를 풀지 않더라도 읽는 행위 자체가 영어 공부라고 했다. 다시 말해서, 우리가 흔히 생각하듯이, 책을 공부의 도구로 생각하지 않고 인간이 언어를 습득하는 행위로 본 거다. 크라센 교수는 또, 나도 했던 얘기지만, 만약 책의 내용이 본인 수준보다 높거나 책의 내용이 별로 흥미롭지 못하다면 과감하게 다른 책으로 넘어가라고 했다.

2-1장에서도 말했듯이 내가 학생들에게 제안하는 방법도 이와 거의 똑같다.

1. 서점에 갈 것. 거기서 최소한 한두 시간 동안 책을 둘러볼 것.
2. 수준에 맞는 영어책을 직접 고를 것.

3. 구매할 것.

4. 집에 가서 읽을 것.

영어 공부를 하는 방법은 이 이상 어려울 게 없다. 책을 계속해서 읽어야 한다. 이렇게 책을 읽기 시작하면 어느 순간 본인의 영어 읽는 실력에 차이가 느껴진다. 그 순간이 오기까지 시간이 좀 걸릴 뿐이지 반드시 온다. 그런데 그 순간이 오기까지 버티지를 못하는 게 문제인데, 그래서 책을 읽을 때는 책만 읽어야 한다. 아무 구속도 받지 않고 몇시간을 가만히 앉아서 영어책을 읽는 그 상태에 몸과 머리가 익숙해져야 한다. 몇시간씩 앉아서 단어장의 단어를 수십 수백개 외울 수 있다면 그 시간에 책을 읽어보도록 하자.

물론, 내가 아무리 이렇게 말해도 여전히 단어 실력 때문에 책을 읽기 부담스러워 하는 사람이 있다. 단어 실력이 모자라 책을 읽기 힘들다고 생각하는 사람들은 다음과 같은 사실을 생각해 봐야 한다. 단어가 약해서 책을 못 읽는 문제는 단어를 더 많이 외워서 극복해야 될 문제가 아니다. 왜냐하면, 단어를 어느 정도 공부하면 책을 읽을 수 있는 수준이 되는지 알 수가 있을까? 그 누구도 이 질문에 대한 답을 아는 사람은 없다. 단순히 더 쉬운 책을 골라서 읽으면 해결될 간단한 문제인데, 어렵게 단어를 외워서 책을 읽을 수 있는 어휘력을 갖추겠다는 건 잘못된 생각이다. 책 한 권을 읽기 위해서 얼만큼의 단어 암기를 해야 하는지는 아무도 모른다. 그러니 자기 수준에 맞는 책으로 시작하면 된다. 이게 우리가 그토록 찾았던 "효율적이고 효과적인" 공부 방법이다. 이걸 그동안 아무도 얘기를 안 해주고 단어장 얘기만 해줬다. 가만히 앉아서 영어책을 장시간 읽는 것에 몸과 머리가 익숙하지 않다면 영어 실력은 좀처럼 늘지 않는다.

여기서 4-2장에 소개한 "10달러짜리 아이디어를 5센트짜리 문장"에 쓰라는 클래런스 토마스 대법관의 말을 다시 한 번 볼 필요가 있다. 그 장에서는 영어 글을 쓸 때 화려하게 쓰는 것은 중요하지 않고 글의 내용이 중요하다는 것을 강조하려고 인용한 말였다. 그런데 위에 책을 읽는 얘기와 결부시켜 생각해 보면, 이 대법관의 말이 또 하나의 의미를 우리에게 전달한다는 걸 알 수 있다. 10달러짜리 아이디어를 5센트짜리 문장에 적으려면 10달러짜리 아이디어가 우선 머릿속에서 떠올라야 한다. 이런 10달러짜리 아이디어는 머릿속에 저절로 생길까? 어디서 무언가를 보고 들어서 우리 뇌에 입력이 되어야 생긴다. 무에서 유가 창조되지 않기 때문에. 10달러짜리 아이디어도 바로 독서에서 나온다는 사실을 잊지 말자.

Chapter

5

랜덤(Random) 토픽

Ch 5-1

언어와 문화

유학생 영어

이번엔 영어의 비속어 얘기 좀 하겠다. 미국 생활을 좀 해본 유학생들 사이에서 많이 볼 수 있는 현상이 말끝마다, shit, f**k 등의 비속어를 자주 섞어 쓰는 말버릇이다. 아직 영어가 완벽하지 않은데 미국 친구들과 어울리면서 자연스럽게 배운 듯 자기도 모르는 사이에 튀어나오는 경우도 있다. 선생인 내 앞에서도 쓰는 학생을 봤다. 영어를 배우는 입장에서 이런 비속어는 웬만하면 쓰지 않는 것을 추천한다. 영어 실력이 아주 뛰어나지 않다면 사용하지 않는 걸 추천한다. 입장을 바꿔서 생각을 해보자. 우리말을 공부하는 외국인이 말끝마다 우리의 비속어를 섞어가며 말하면 그 외국인에 대한 인상이 어떨까? 그런 표현을 쓰는 것이 재밌게 들릴 수는 있겠지만, 그 사람의 언어 실력이나 사람됨에 대해서는 별로 좋게 평가하지는 않을 거다. 아주 친한 사람이면 얘기가 달라지겠지만 일반적으로 그런 외국인에게 좋은 인상을 받지는 않을 거다. 우리가 영어를 저런 식으로 비속어를 많이 섞어서 쓰면 미국인도 우리를 그렇게 볼 확률이 높다. 특히 학교나 직장에서는 절대로 저런 표현을 쓰면 안 된다. 그러니 친한 친구 사이에서만 쓰도록 하는데, 이것도 자주 하다보면 입에 붙어서 저런 비속어가 자신의 표현으로 굳어진다. 그래서 아예 처음부터 비속어를 안 쓰는 연습을 하라고 추천하고 싶다. 영어를 배우는 입장에서 소위 쿨해보일 수 있는 비속어 사용은 바람직하지 못하다. 그래서 아래의 대표적인 비속어는 옆에 적은 완곡한 표현으로 바꿔서 쓰기를 추천한다.

Oh shit! → Oh shoot!

God damn it! → Darn it!(God을 비속어에 쓰는 건 신성모독으로 들릴 수 있다. 물론 대부분의 미국 사람이 God이라는 단어를 감탄사로 쓰지만 영어를 배우는 입장에서는 가급적 안 쓰는 것을 추천한다.)

Oh my God! → Oh my gosh!

F**king → Freaking 또는 Frigging(하지만 이 완곡한 표현도 가급적 안 쓰는 것이 좋다.)

Asshole → A-hole(발음은 '에이홀')

Pissed off → Ticked off

What the hell → What the heck

이외에도 많은 비속어가 있는데, 알고만 있고 사용 안 하는 것이 본인의 올바른 영어 공부에 좋다고 생각한다. 또한 이렇게 비속어의 완곡한 표현을 쓰면 미국인이 볼 때도 영어를 제대로 배웠다고 생각하여 오히려 자신의 이미지가 긍정적으로 보일 수가 있다. 이렇듯 미국에 유학 가서 영어를 조금 배웠다고 쿨한 척하며 비속어를 많이 섞어 쓰면 영어를 잘하는 걸로 보이지 않고 때로는 더 추해보일 수가 있다. 유학생이면 유학생답게, 초보면 초보답게 자기 수준에 맞는 정직하고 올바른 영어 사용을 추천한다.

1997년에 영화 "시애틀의 잠 못 이루는 밤(Sleepless in Seattle)"의 여주인공였던 멕 라이언(Meg Ryan)이 유명 토크쇼인 데이빗 레터맨 쇼(The David Letterman Show)에 나온 적이 있었다. 그 방송에서 멕 라이언이 한국의 "섹시마일드(Sexy Mild)"라는 샴푸광고를 찍었던 에피소드를 소개했다. 그때 멕 라이언이 한국 비하 발언을 했고 진행자인 데이빗 레터맨과 함께 한국을 조롱하며 즐거워했다고 한국 언론에서 크게 보도했었다. 이 이슈가 국내에서 큰 문제가 되면서 결국에는 멕 라이언의 에이전시에서 공식 사과편지까지 보낸 국제적 사건이 돼 버렸다. 그 방송을 내가 직접 봤는데(지금도 유튜브에 검색하면 있음) 멕 라이언은 "한국(Korea)"이라는 단어도 안 썼을 뿐만 아니라 그 어떤 나라도 비하하지 않았다. "아시아(Asia)"에서 광고를 찍었다고만 했다. 그리고 수녀 복장을 하고 "나는 꼬마 남자애처럼 걷는 걸 좋아해"라고 말해야 했었다고 했다. 바로 이 부분에서 진행자와 관객이 모두 크게 웃었다. 왜냐하면, 여성인 수녀가 꼬마 남자애처럼 걸어다니는 걸 좋아한다는 게 이상한 뉘앙스를 풍겼기 때문이다. 그리고 또 한 번의 웃음 포인트가 있었는데, 바로 상품 이름인 "섹시 마일드"에서였다. 미국 사람에게 "성적인"이란 뜻의 sexy와 "온화한"이란 뜻의 mild가 그들이 잘 쓰지 않는 이상한 의미의 조합으로 들렸던 거다. 멕 라이언은 이 광고를 찍은 경험이 특이했고 웃겼다는 거지 절대 한국을 비하한 방송이 아녔다. 문화와 언어의 차이에서 온 오해였다.

당시에는 지금처럼 소셜미디어가 발달한 시대도 아니었기 때문에 저 토크쇼를 굳이 찾아보는 사람이 아니라면 모르고 지나갈 수도 있었던 일이다. 한국에서 데이빗 레터맨 쇼가 인기있던 방송도 아녔고. 그런데 이 일이 밝혀지게 된 것은 아마도 영어를 좀 하는 누군가가 당시 미군방송인 AFN에서 그 장면을 보고 한국을 비하한 것으로 오해하여 사건이 커진 게 아닌가 싶다. 아니면, 미국에 있는 유학생이 본 후에 이슈가 커졌을 수도 있고. 만약 저 방송을 보고 한국을 비하한 것이라고 생각했다면 그건 영어를 할 줄은 알지만, 영어 대화 속의 뉘앙스나 미국인들의 문화에 대한 이해가 부족했기 때문으로 보인다. 이런 오해는 미국에서 공부를 하는 유학생이더라도 할 수가 있다. 유학생이지만 깊은 문화적 이해가 부족했을 수도 있기 때문에 충분히 오해를 할 수가 있다. 또, 분명히 한국(Korea)이란 단어가 멕 라이언의 입에서 나오지는 않았지만 한국인으로서 감정이입이 되어 한국을 모욕했다고 느꼈을 수도 있다.

이처럼 미국에서 학교 다니며 생활할 정도의 영어는 하지만, 저런 방송에서 오해를 할 수 있는 수준의 영어를 하는 사람들이 많다. 이걸 3-2장에서는 "유학생 영어"라고 이름을 붙였다. 미국에서 학교를 다니면서 강의를 듣고, 미국 친구와 일반적인 의사소통하며 평소 생활하는 데는 별 지장이 없는 영어, 하지만, 한 단계 깊이 들어가서 미국의 문화와 뉘앙스를 이해하는 데는 부족함이 있어 위와 같은 오해를 하게 되는 수준의 영어를 말한다. 영어를 하는데 왜 미국의 문화를 이해하는 얘기를 하냐고 의문이 들겠지만, 위의 멕 라이언 에피소드처럼 문화를 모르면 정확한 언어 소통이 안 되는 경우가 있기 때문이다. 문화의 일부인 언어에서 문화를 배제하고 언어를 배우면 제대로 배우는 게 아니다. 그래서 미국식 영어를 공부하는 사람은 반드시 미국 문화도 함께 공부하기를 추천한다. 그러려면 지금까지 말한 팝송도 듣고, 미국 드라마도 봐야 한다. 현지에 있는 유학생도 학교만 다니지 말고 미국 문화에 더 관심을 갖고 거기에 참여할 수 있는 기회를 만드는 게 자신의 영어 실력 향상에 대단히 큰 도움이 된다는 걸 알아야 한다. 그렇게 하지 않으면 한국에 돌아와서 남들보다 조금 더 잘하는 수준인 "유학생 영어"밖에 못하게 된다.

언젠가 미국의 조지 W. 부시 대통령이 우리나라 대통령을 가리켜 "this man(이 남자, 이 사람)"이라고 불렀다고 언론에서 논란이 됐던 적이 있었다. 우리 대통령을 감히 man 이라고 낮춰 불렀다는 사람들이 있었는가 하면, 미국 영어를 이해 못해서 오는 오해라는 견해도 있었다. 이 경우도 역시 우리보다는 캐주얼한 미국의 언어 문화와 뉘앙스를 이해하지 못한 케이스라고 볼 수 있다. 그런데 이 에피소드에는 또 하나의 변수가 있다. 바로 조지 W. 부시라는 사람의 성향이다. 빌 클린턴이나 버락 오바마 대통령였다면 "this gentleman(이 신사분, 이분)"이라고 했을 듯싶다. 하지만 조지 W. 부시는 다른 대통령보다 털털한 성격이고 말투나 쓰는 용어에서도 격식을 덜 차리는 스타일이라 저런 일이 벌어졌다고 볼 수도 있다. 그래서 단순히 this man이라는 표현을 썼다고 우리 대통령을 무시했다는 판단은 좀 섣부른 판단으로 보인다. 이처럼 언어는 상당히 복잡하고 다양한 문화적 요소를 포함하고 있기 때문에 우리가 생각하는 것과는 다른 형태로 표출될 수가 있다.

한국식 영어

문화를 배제하고 언어를 공부할 경우 생기는 오류의 예가 또 있다. 한국에서도 인기를 끌었던 디즈니의 애니메이션 "겨울왕국"을 보면 올라프(Olaf)라는 눈사람 캐릭터가 여름에 대해서 노래하는 장면이 나온다. 그 노래 가사 중에 여름 해변에서 "gorgeously tanned(멋지게 태닝)"라는 부분이 나오는데 이를 한글 자막으로 "섹시하게 태닝"이라고 해놨다. 이런 것을 볼 때마다 한국 어른들은 "섹시"라는 단어를 좀 과도하게 쓰는 것 같다는 생각을 했다. "섹시"는 어른들끼리 쓰는 단어고, 겨울왕국 같은 애들이 함께 보는 가족영화에서는 사용될 일이 거의 없는 단어다. 또 초등 여학생이나 중고등 여학생 등 미성년자에게 쓰는 것도 바람직하지 않다. "오, 섹시한데?" 이런 말은 성인끼리 쓰는 말이며 미국인과 대화할 때도 평소에 그리 자주 쓸 일이 없는 말이다. 정작 미국에서는 어른과 아이들 대화에 저 단어가 거의 등장하지 않는다. 영어의 본고장에서 덜 쓰는 단어를 한국은 애들과 함께 보는 방송에서도 종종 내보낸다. 영어 단어의 원래 뜻과 뉘앙스를 잘못 알고 쓰다보니 그 의미나 어감을 완전히 우리식으로 만들어 우리는 별 거부감없이 쓰는 표현이 돼 버렸다. 우리끼리 사용하니까 무슨 상관이냐고 반문할 수도 있지만, 영어를 배우는 입장에서는 미국의 언어를 제대로 배워야 그들과의 의사소통에서 실수하지 않는다고 생각한다. 이런 언어 습관을 처음부터 제대로 갖춰놓지 않으면 멋진 드레스를 입은 미국인 친구의 초등학생 딸을 보고 칭찬한다며 "She looks very sexy."라고 하는 어처구니없는 실례를 범할 수가 있다.

이번엔 한국 정서에 맞게 번역하느라 오역한 영화 제목의 예를 소개하겠다. 지구온난화로 인해 지구에 닥친 기후 재앙을 묘사한 영화 '투모로우'의 얘기다. 원제는 'The Day After Tomorrow'로 원래는 '모레'라는 뜻이지만 '내일'이란 뜻의 '투모로우'로 바꿨다고 한다. 영화를 수입한 한국 배급사는 "한국 사람들은 모레 지구가 멸망한다고 하면 그다지 위급하게 느끼지 않을 것"이라고 해서 내일이란 뜻인 '투모로우'로 제목을 바꾼 것이라는 기사를 봤다. 그런데 여기서도 문화의 차이에서 오는 해석의 오류를 발견할 수 있다. The Day After Tomorrow라는 제목은 "내일 모레"라는 뜻이 아니다. 직역하면 그 뜻이지만, 영화에서의 뜻은 그게 아니다. 내일 모레라는 단순한 뜻보다 더 깊은 의미가 있다. 바로 "내일 이후의 세상"이란 뜻이다. 오늘 지구에 급작스럽게 몰아닥친 기후변화로 인해 세상에 난리가 났다. 오늘 죽을지 내일 죽을지 모르는 상황에서 "과연 내일을 버틸 수 있을까" "내일 이후가 있을까?"라는 두려움을 담은 표현이다. 인간이 큰 재앙에 닥쳤을 때 느끼는 두려움과 공포심을 담은 제목이다. 그러니까 'The Day After Tomorrow'는 단순히 시간적으로 '내일 모레'라는 뜻보다는 더 추상적인 의미를 담은 표현이다. 아무리 한국 관객의 입장에서 제목을 해석해야 한다고 하지만, 영화 본연의 시각을 반영하는 것도 요즘 같이 문화가 글로벌화한 시대에 한 번쯤 생각해볼 필요도 있다는 게 개인적인 생각이다. 그리고 영어를 공부하는 입장에서는 이런 외국 영화의 제목과 내용의 연관성을 따져보는 것도 영어 표현에 담긴 의미와 뉘앙스를 더 잘 이해하는 데 도움이 된다고 생각한다.

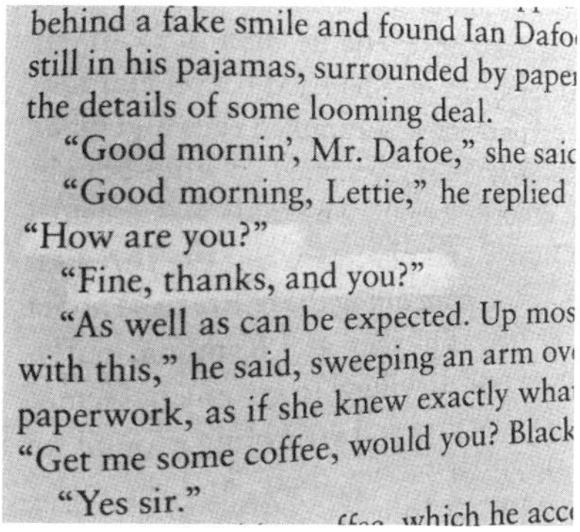
behind a fake smile and found Ian Dafo
still in his pajamas, surrounded by pape
the details of some looming deal.
"Good mornin', Mr. Dafoe," she saic
"Good morning, Lettie," he replied
"How are you?"
"Fine, thanks, and you?"
"As well as can be expected. Up mos
with this," he said, sweeping an arm ov
paperwork, as if she knew exactly wha
"Get me some coffee, would you? Black
"Yes sir."
which he acc

이번에 소개할 예는 위의 두 가지 예와는 정반대의 경우다. 옛 중학교 교과서에 나왔던 영어 인사법에서 "How are you?"의 대답으로 "Fine, thanks, and you?"가 있다. 요즘도 영어 인사를 이렇게 가르치는지는 모르겠지만, 이런 표현은 너무 교과서적인 표현이고 실제로 미국 사람들은 전혀 안 쓴다고 생각하기 쉽다. 또 한국에서 이런 표현은 영어를 못할 때 장난삼아 쓰는 영어로 알려져 있다. 그런데 유명 법정 스릴러 작가인 존 그리샴(John Grisham)의 소설 Sycamore Row에 보면 이 표현이 나온다.(사진 중간) 이걸 보면 미국 사람도 이런 표현을 실제로 쓴다는 걸 알 수가 있다.

이와 같이 우리가 생각하는 영어와 그들이 사용하는 영어에는 차이가 좀 있다. 이 차이들을 다 알 수는 없지만, 영어는 어차피 그들의 언어이기 때문에 영어를 공부할 때는, 그리고 제대로 배우고 싶다면 그들의 시각을 이해하고 그들의 입장에서 영어를 보려는 자세도 중요하다고 생각한다. 남의 나라 말인 영어를 너무 우리식으로 편하게 해석하려는 성향이 강하면 이 역시 제대로 된 영어를 배우는데 방해가 된다.

이번엔 내 교육 컨설팅 경험에서 느낀 문화적 차이에 대해 말해보겠다. 컨설팅을 하다보면 한국 학생들에게서 느끼는 또 한 가지 특징이 있다. 바로 자기 자랑을 어색하게 한다는 거다. 흔히 미국 문화에서는 자기 주장이 강해야 하고 때로는 잘난 척도 할 줄 알아야 한다고 알려져 있다. 그래서 미국 대학이나 대학원, 또는 직장에 내는 자기 소개서에 자랑을 자신있게 하라고 조언을 주위에서 주는 것 같다. 그런데 이게 사실 그리 간단한 문제가 아니다. 왜냐하면, 자기 자랑이 조금 지나치면 읽는 사람에게 거부감을 줄 수가 있고, 또 너무 겸손하게 쓰면 자신감이 없는 사람으로 보일 수가 있기 때문이다. 영어 에세이에서는 자랑도 적절하게 하는 법이 있다. 글에 자기 자랑을 하려면 우선 이런 마음가짐으로 써야 한다. "내 영어 에세이를 읽을 사람은 나보다 영어를 훨씬 잘하고 나보다 더 뛰어난 사람이다. 불쾌한 영어 표현으로 괜히 신경을 건드리지 말자." 자랑을 하기 전에 이런 겸손한 마음가짐을 가지고 써야 한다. 그리고 무엇보다도 우리와 생각하는 방식과 문화가 다르기 때문에 무턱대고 자랑을 하면 안 된다. 이런 경우에는 미국인이나 한인 교포에게 조언을 받는 것 외에 특별한 방법은 없다. 아무리 미국이 자신의 주장을 떳떳이 말하고 자기 PR을 당당히 하는 사회라고 해도 건방짐이 느껴질 정도로 잘난 척을 하는 사람을 좋아하지는 않는다. 미 코넬 대학(Cornell University) 입학사정관이 대학 지원자들에게 해준 조언이 있다. "내가 해주고 싶은 제일 중요한 조언은, 에세이에 제발 잘난 척 좀 하지 말라는 거다."

매년 미국 대학 지원서에 쓰는 에세이를 컨설팅하는데 이런 문화적 차이로 인한 실수를 자주 목격한다. 앞서 말한 에세이에서 화려하고 멋있는 단어나 표현을 쓰는 것도 이런 문화적 차이를 이해하지 못하는 것이 한 원인이다. 한국 학생이다 보니 좀 더 고급스러운 단어를 써야 대학에서 영어를 잘하는 줄 알고 그 에세이를 높이 평가할 거라고 생각하는데 전혀 그렇지가 않다. 명문대에 합격한 미국 학생들의 에세이를 보면 생각보다 어휘 수준이 평범하다. 명문대에 합격한 한국 학생의 에세이를 봐도 그렇다. 그리고 화려하고 고급스러운 단어는 그 수준에 맞는 글에 어울리는 것이지, 글의 수준과 어울리지 않게 단어와 표현만 고급스러우면 어울리지 않는 옷을 입은 것과 같은 역효과를 낸다. 미국 대학 입학사정관도 한국 학생의 에세이를 읽을 때 이런 면을 다 고려하면서 읽는다. 학생이 과도하게 고급스러운 단어를 쓰려고 애쓴 흔적이 보이면 오히려 감점을 준다. 왜냐하면, 자기 수준보다 어려운 단어를 써서 자신을 더 돋보이게 하려고 했다는 건 성숙하지 못한 판단력을 지닌 지원자임을 증명하기 때문이다. 이게 미국 사람들의 사고방식이다. 이렇게 그들의 사고방식을 알아야 하는데 그러지 못하고 우리 식으로 생각하다보면 미국 대학 지원에서 피해를 보게 된다.

이처럼 언어는 문화와 함께 생각해야 한다. 그리고 영어 공부와 함께 문화도 가능한 한 많이 배우는 것이 영어 실력의 향상에 더 많은 도움이 된다고 본다.

Ch 5-2

U2의 내한공연

2019년 12월 락그룹 U2의 역사적인 내한공연이 있었다. 공연 중에 리드싱어인 보노(Bono)가 한반도의 평화에 대해 짤막한 연설을 하는 장면이 있었다. 이 영상을 어느 매체에서 한글 자막을 달아 유튜브에 올렸다. 그 영상에서 보노가 한 말은 다음과 같았다.

"And on our own journey to peace, we learned that the most powerful language in the English language was compromise."

자막 : "평화를 향한 여정에서 우리는 배웠다. 영어에서 가장 강력한 단어는 '타협'이라는 것을."

한반도의 평화를 위해서는 영어에서 가장 강력한 단어인 '타협'이 중요한데, 남북 간의 타협이 부족해서 한반도에 아직도 평화가 안

왔다는 의미로 해석이 된다. 보노의 이 말을 들어보면 뭔가가 조금 이상하다. 우선 영어에서 가장 강력한 단어가 '타협'이란 것이 말이 안 된다. 영어에서 가장 강력한 단어는 상식적으로 'love(사랑)'다. 게다가 남북 간의 평화에서 제일 중요한 게 '타협'이라고 하는 건 어딘가가 좀 어색하다. 남북 간의 평화에서 제일 중요한 건 '사랑'이라고 해야 말이 되지 않을까?

사실 보노는 '타협'이라는 단어를 말하지 않았다. 보노가 한 말은 이거였다.

"And on our own journey to peace, we learned that the most powerful language in the English language was compromised."

"평화를 향한 여정에서 우리가 알게 된 것은 영어에서 가장 강력한 단어가 손상됐다(compromised)는 거다."

즉, 남북 간의 문제에 있어서 영어의 가장 강력한 단어인 "사랑(love)"의 의미가 손상되어 평화가 계속 이루어지지 않고 있고, 남북문제는 사랑이 바탕이 되어야 한다는 안타까움을 보노는 말했던 거다. 이걸 번역한 사람은 저 발언의 마지막을 was compromise라고 생각하고 번역했고. 그런데 보노가 말한 건 was compromise가 아니고 was compromised였다. 결국 저 단어 하나를 잘못 이해하는 바람에 발언의 의미가 완전히 다른 것이 돼 버렸다.

이런 해석의 오류는 서양과 한국의 "타협"이라는 단어에 대한 인식의 차이에서 기인한다. 한국에서 compromise하면 "타협"이라고 긍정적인 뜻으로 가르친다. 그런데 이 단어는 긍정적인 뜻의 단어가 아니고 부정적인 뜻의 단어다. 왜냐하면, 우리는 보통 타협이라고 하면 같이 힘을 합쳐서 좋은 결론을 내는 긍정적인 뜻으로 생각하지만, 서양에서 타협이란 내가 원하는 걸 조금 손해보고, 상대방도 원하던 걸 조금 손해 봐서 서로 합의를 하기 때문에 "손해를 보다"라는 부정적 의미가 들어있다. 또 "손해를 조금 보다"라는 뜻에서 "상황이 더 안 좋아지다, 상황이 위험해지다"라는 뜻까지 된다. 그동안 가르친 학생 중에 이 뜻을 알고 있던 학생이 10%도 안 된 걸 보면 이 내용을 한국의 영어 교육에서는 많이 안 가르치는 것 같다.

이걸 리스닝 문제라고 생각할 수도 있다. 유튜브에서 이 영상을 찾아서 들어보길 추천한다. 들어보면 이건 리스닝의 문제가 아니라는 걸 알게 된다. 왜냐하면, 보노가 저 compromised라는 단어를 발음했을 때 끝에 ed는 거의 안 들린다. 그래서 발음상으로는 compromise인지 compromised인지는 미국 사람도 구별을 못한다. 이건 문맥으로 알아들어야 한다. 그리고 그런 문맥은 영어 단어를 많이 외워서 아는 것이 아니고 책이나 영화, 미드 같은 매체를 통해 영어에 많이 노출되어야 알 수 있다. 영화 "미션 임파시블(Mission Impossible)"이나 "제이슨 본(Jason Bourne)" 같은 첩보 영화에서 자주 나오는 대사가 있다.

"Abort mission! Our location has been compromised!"
"미션 취소! 우리 위치가 노출됐다!"

여기서도 compromised는 "손해를 보다, 위험해 빠지다"의 뜻으로 내용상 자신들의 위치가 적에게 노출되었다는 의미가 된다. 이렇듯, 영화의 영어 대사만 익혀도 쉽게 알 수 있는 단어의 의미이고, 이런 뜻을 알았다면 보노의 예에서와 같은 오역은 일어나지 않았을 거다. 이걸 단어장을 통해서 익힌다는 건 쉽지가 않다.

U2의 에피소드는 단순한 오역에 불과해서 배우 멕 라이언의 경우처럼 크게 문제가 될 사건은 아니나. 다만, 보노가 전하고자 했던 본래의 의미가 잘못 전달되어 그에게는 실례를 범했고, 오역이 의미상으로 큰 차이가 나서 만약 그가 알았다면 살짝 불편해 했을 수도 있을 뿐 더 큰 문제가 될 일은 아니다. 그렇긴 해도 compromise가 아주 어려운 단어도 아니고 영어권 국가에서는 일상적인 용어로 사용하는 단어인데, 그것을 잘못 해석한 것은 우리의 현재 영어 수준을 보여준 케이스라서 아쉬움이 좀 남는다.

다시 한 번 강조하지만, 단어 리스트를 암기하는 공부는 영어의 어휘력 향상에 크게 도움이 안 된다. 책이나 다른 시청각 매체를 통해 영어 표현에 많이 노출되는 것이 영어 어휘력을 늘리고 현재 살아있는 영어를 배우는 제일 확실한 방법이다.

Ch 5-3

거꾸로 공부하기

여기서 하고 싶은 얘기는 영어 공부를 하는 순서에 대한 얘기다. 이해를 돕기 위해 미국 대학을 준비하는 학생들을 컨설팅하다가 학생 부모와 생기는 의견 충돌에 대한 얘기를 해보겠다. 이 의견 충돌은 학부모와 내가 생각하는 영어 시험 공부의 순서에 차이가 있어서 생긴다. 그 대표적인 차이가 바로 토플(TOEFL)과 SAT 중 어떤 것을 먼저 공부하느냐에 대한 차이이다. 보통 한국에서는 미국 대학에서 요구하는 토플과 SAT시험을 준비할 때 토플을 먼저 준비하라고 한다. 이유는 SAT가 훨씬 어렵기 때문에 더 쉬운 토플부터 준비하라고 한다. 학부모들이 이렇게 생각하고 있는 이유는 주로 영어 학원들이 그렇게 유도를 하고 있어서 그런 것도 있지만, 기본적으로 우리가 생각할 때 그게 자연스러운 과정으로 느껴지기 때문이다. 그런데 이건 학생의 미국대학 준비과정을 완전히 망가뜨려놓는 전략이다. 사실은 거꾸로 해야 한다. 어려운 SAT

를 먼저 공부하고 이보다 쉬운 TOEFL을 나중으로 미루어야 한다. 더 어렵기 때문에 성적을 올리는데 시간이 더 오래 걸리는 SAT를 먼저 준비해야 하는 것은 어찌 보면 상식인데 한국에서는 이런 상식을 깨고 비상식적인 방법으로 공부를 시키는 모습이 자주 눈에 띈다. 이렇게 영어 공부 관련해서 거꾸로 하는 게 몇 가지가 있다.

그중에 또 하나는, 영어 공부의 분야(문법, 독해, 회화, 작문 등) 중에서 제일 중요한 것을 제일 뒤로 미룬다는 거다. 여기서 제일 중요한 것은 바로 지금까지 강조해왔던 영어책 읽기다. 영어를 잘하려면 영어책을 많이 읽어야 하는데 한국에서 영어 공부를 하는 사람 중에 영어책을 제일 먼저 공부하는 사람은 거의 없다. 앞에서도 말했듯이 영어 공부를 하겠다고 마음먹으면 제일 먼저 생각하는 것이 서점에 가서 토플이나 토익, 또는 문법 교재를 고르는 거다. 영어 소설책이나 만화를 고르지는 않는다. 이렇게 생각하는 이유는, 지금까지 말한 것처럼 영어책을 읽는 것은 어렵고 토플이나 토익같이 우리 몸에 익숙한 문제풀이 공부가 더 쉬우므로, 우선 쉬운 것부터 차근차근 하여 어려운 것으로 발전해가겠다는 생각 때문이다. "나는 문법을 공부한 지가 오래돼서 문법부터 다시 다져야겠다."라고 생각하고 문법 교재로 몇 주에서 한 달 정도 공부한다. 토플이나 토익 교재 하나를 공부하는데도 아마 한 달 정도면 될 거다. 그러지 말고, 더 오래 걸리는 영어책을 먼저 시작해야 한다. 문법 정도는 같이 시작해도 좋다. 하지만, 책 읽는 것을 제일 뒤로 미루는 건 완전히 거꾸로 생각하는 거다.

그런가 하면, 영어책 읽기는 제일 뒤로 미루고 영어 회화나 라이팅 등 다른 분야를 먼저 공부한다. 이건 마치 축구나 농구에서 공을 몰 줄은 모르면서 슛을 잘해서 골만 넣고 싶어하는 생각과 같다. 라이팅도 내 머리에서 나올 컨텐츠가 많아야 잘할 수가 있다. 각종 라이팅 학원 수업과 개인교습을 받은 학생도 읽은 것이 많지 않다면 쓸 내용이 없어 좋은 에세이를 쓸 수가 없다. 그런데 대부분의 사람들은 영어의 활용에 있어서 근본이 되는 읽기는 제일 뒤로 미루고 다른 부수적인 것부터 하려고 하니 영어 실력이 제대로 향상되지 않는다. 오히려 영어 라이팅은 제일 나중에 공부할 내용이다. 라이팅은 그동안 읽어서 갖춰놓은 내 생각과 지식, 영문법, 어휘력, 문장과 문단 구성에 필요한 논리의 전개 등을 모두 적절히 조합해야 되는 언어 활동이므로 제일 나중에 해야 한다. 그런데 라이팅을 먼저 배우려고 하니 완전히 거꾸로 공부하는 거다. 안타까운 것은 이런 잘못된 생각을 고쳐주려는 노력이 영어 교육계에 별로 없다.

Ch 5-4

미국식 문법 총정리

마지막으로, 영문법에 대해 간략히 정리하고 마치겠다. 미국 ETS에서 주관하는 시험(SAT, TOEFL, TOEIC, GMAT, GRE)을 비롯해서 모든 영어 시험에 필요한 영문법은 아래 19가지로 추려진다. 시험뿐만 아니라, 미국에서 유학할 때 사용할 영어, 또는 평생 영어하는데 필요한 문법은 저 19가지가 전부라고 해도 과언이 아니다. 실제로 미국 대학에서 라이팅 시간에 미국 교수들이 학생들 에세이를 평가할 때 체크하는 문법도 아래 19가지다. 여기 소개하는 목적은 자세한 문법을 설명하기 위해서가 아니고, 앞으로 영어 문법을 공부할 때 무엇을 공부해야 하는지를 알리는 의미에서 소개한다. 각 항목에 대한 상세한 설명은 추후 출간할 책에서 소개하기로 하고 여기서는 맛보기로 그 핵심 내용만 소개하고자 한다. 아래 19가지 항목을 토대로 앞으로 영어 문법을 공부할 때 이런 내용을 주의깊게 보는 걸 추천한다. 1형식에서 5형식 문장, 동명사를 목적어로 받는 동사 등 시중의 어느 영문법 책을 보든지 다 똑같이 나오는 문법은 한국식 영어를 위한 문법이니, 앞으로 진정한 미국식 영문법을 공부하고 싶다면 아래 내용에 더 신경을 써야 한다.

1. Sentence Structure 문장구조

A. Always Look for Comma-splice(Run-on sentence). 항상 '코마-스플라이스'에 신경 써라.

코마-스플라이스는 두 독립절(independent clause) 사이에 접속사가 없는 문장을 말한다. 이런 틀린 문장을 고치려면 중간에 적절한 접속사를 넣어주거나 다른 방법으로 두 절을 이어줘야 하는데, 생각보다 많은 학생이 이 간단한 문법을 생각하지 않고 영어 문장을 읽거나 쓴다. 앞서 열거했던 ETS의 각종 영어 시험에서 문제를 풀 때 코마-스플라이스를 제일 먼저 체크해야 하는데 이건 체크하지도 않고 다른 오류를 찾으려고 한다. 이것만 체크하면 정답이 쉽게 나오는 문제들이 많은데 이걸 체크 안 해서 엉뚱한 답을 찍는 경우가 상당히 많다. 학생들의 에세이에서도 코마-스플라이스인 문장을 종종 발견한다.

Nearly one-sixth of all the human beings on Earth live in India, it has the world's most populous democracy.

이런 문장이 '코마-스플라이스' 문장이다. 중간의 India 다음에 적당한 접속사를 넣거나 쉼표 뒤의 절을 종속절이나 명사구로 바꿔줘야 하는 문법적 오류가 있는 문장이다.

Nearly one-sixth of all the human beings on Earth live in India, the world's most populous democracy.

이렇게 뒤를 명사구로 바꿔주면 된다.

B. Beware of Sentence Fragment. 프래그먼트에 주의해라.

문장을 읽을 때 주어-동사 짝을 제일 먼저 체크하고 나머지 분석에 들어가야 한다고 앞서 강조했다. 만약 이때 동사가 없다면 불완전한 문장인 프래그먼트다. 별거 아닌 거 같지만, 시험 문제 중에는 동사가 없는 긴 구로 이루어진 불완전한 문장들이 있다. 이런 긴 구를 한참 읽다보면 문장이 미완성인 프래그먼트라는 걸 모르는 경우가 의외로 많다. 역시나 에세이 쓸 때도 프래그먼트의 실수를 범하는 학생들이 있다.

My friend who, because of his personal situation, had to leave his hometown after his college and continued to work in order to save money for his future.

이 문장은 잘 읽어보면 주어인 My friend에 대한 동사가 없다. 전부 My friend를 수식하는 표현밖에 없다. 그래서 동사를 넣어줘야 한다.

My friend who, because of his personal situation, had to leave his hometown after his college and continued to work in order to save money for his future, came back to town as a rich man.

이렇게 뒤에 came이란 동사를 넣어서 문장을 완성시켰다.

C. Know Your Semi-colon & Colon. 세미콜론과 콜론은 반드시 공부해라.

우리말에서 별로 안 쓴다고 등한시 하는 학생들이 많다. 세미콜론과 콜론은 영어에서 자주 쓰이기 때문에 이 둘의 용법을 꼭 알아야 한다.

D. Keep Similar Things Similar. 비슷한 것은 비슷하게 써라.

비슷한 카테고리에 해당되는 문장 요소는 비슷하게 표현해야 한다.

I like to eat, sleep, and drinking. (x)

I like to eat, sleep, and drink. (o)

이 문장은 짧으니까 잘못된 점이 쉽게 보이지만, 문장이 길어지면 비슷한 카테고리의 문장 요소를 발견하기도 힘들다. 그래서 미국의 영어 시험에는 단골로 나오는 문제다.

Wanting freedom is more important than to make money. (x)
Wanting freedom is more important than making money. (o)

이처럼 Wanting freedom과 making money를 같은 모양이 되게 만들어줘야 한다.

E. Familiar Yourself With Voices. 태에 익숙해져라.

능동태가 수동태보다 좋다. 하지만, 언제나 그런 건 아니므로 언제 수동태를 쓰는지도 알면 좋다. 태에 대해서는 한국의 영어 교재에도 좋은 설명이 많이 나와있다.

F. Memorize Subjunctive Mood. 가정법은 그냥 외워라.

가정법은 과거, 과거완료, 현재, 미래가 있는데 무조건 외우면 된다. 영어 시험 외에 가정법을 실제로 쓰는 경우가 있냐고 묻는 사람이 많고, 유학생 중에도 가정법을 써본 적이 거의 없다고 하는 사람이 많다. 그런데 그건 가정법을 몰라서 안 쓰거나 쓴 줄도 몰랐던 거지 가정법은 일상 회화에서도 매우 빈번하게 쓰이고 영어 에세이에서도 매우 중요한 문법이다. 가정법은 한국 문법책에 아주 상세히 나와있어 그 내용을 확실하게 알아두면 된다.

2. Consistency 일관성

시중의 영문법 책에도 나오지만 학생들이 제일 등한시하는 문법이다. 게다가 D는 한국의 영어 수업에서 가르치는 걸 거의 못 봤다. 국내 영문법 책에도 잘 등장하지 않는 것 같다.

A. Always Check Subject-Verb Agreement. 항상 주어-동사 일치를 체크하라.

문장을 읽으면 무조건, 무엇보다도, 제일 먼저, 반드시, 꼭, 주어-동사 일치부터 체크해야 한다. 너무나 당연하고 지극히 기본적인 내용이지만 자주 까먹고 문장을 읽는다. 영어의 제일 기본이다.

B. Nouns/Pronouns Are Always Numbered. 명사와 대명사는 항상 단수/복수를 체크하라.

모든 명사와 대명사는 단수 아니면 복수다. "그걸 누가 모르나요?"라고 하면서도 문장을 읽을 때 이 명사/대명사가 복수이어야 하는지 단수이어야 하는지 따지지 않고 읽는 경우가 너무 많다. 명사나 대명사를 대할 때 "수"라는 개념이 따라다녀야 하는데 그러지 않고 명사/대명사의 뜻만 생각하고 읽는다. 절대 그러면 안 된다. 명사/대명사는 수가 생명이다.

C. Always Check Tense Agreement. 시제일치는 꼭 체크하라.

시제일치도 꼭 체크해야 한다. 이것도 체크 안 하고 영어 문장을 읽는 사람이 많다.

D. Keep Consistency(Subject, Tense, Mood, Voice). 문장에서 주어, 시제, 법, 태 등의 일관성을 지켜라.

중문, 복문, 또는 혼합복문에서 앞뒤 절의 주어, 시제, 법, 태 등이 되도록이면 일관성이 있어야 한다. 앞절의 주어와 뒷절의 주어가 항상 같을 수는 없지만 같게 할 수 있으면 되도록 같게 문장을 다시 써라. 나머지 시제, 태, 법도 마찬가지로 같게 할 수 있으면 같게 하라는 뜻이다.

I was acquainted with her classmates, and her parents were also well known to me. (앞절은 수동태, 뒷절은 능동태. 주어도 불일치)

→ I was acquainted with her classmates, and I also knew her parents well. (앞뒤 절의 주어 일치)

Frogs could be heard croaking as we neared the swamp. (앞절은 수동태, 뒷절은 능동태. 주어도 불일치)

→ As we neared the swamp, we could hear the frogs croaking. (앞뒤 절의 주어와 태 일치)

3. Diction 어법

A. Idioms 숙어

숙어는 그냥 외우는 수밖에 없다. 학생였을 때는 리스트를 외웠겠지만, 이제는 글을 읽어서 거기 나온 숙어를 외워라. 숙어집은 부교재로 사용하고 영어책이 주교재가 되어야 한다.

B. Vocabulary 단어

단어 역시 외우는 수밖에 없다. 하지만, 이것도 글을 읽어서 거기 나온 단어를 외워라. 단어책을 붙들고 있지 마라.

C. Adjective Or Adverb? 형용사 아니면 부사?

미국 영어 시험에 나오는 단골문제로 형용사 자리에 부사가 오거나 그 반대의 경우를 잘 구분할 줄 알아야 한다.

D. Always Check Pronoun Reference. 대명사가 가리키는 명사를 꼭 체크하라.

대명사가 보이면 무조건 그 대명사가 가리키는 명사를 “그 문장 안에서” 먼저 찾고 진행해야 한다. 이건 글을 쓸 때도 마찬가지. It, they, that, this, he, she… 등을 쓸 때마다 대명사가 가리키는 명사가 그 문장 안에 반드시 있어야 한다. 물론, 추가 설명이 없어도 무엇을 가리키는지 너무나 명확한 경우는 예외지만, 일단 대명사는 명사를 받기 때문에 반드시 이 점을 확인하고 진행해야 한다.

4. Sentence Logic 문장 논리

A. Keep Related Parts Together. 관련된 것들은 가까이 놓아라.

관련있는 내용은 가까이 있어야 한다. 수식어나 수식구는 그것이 수식하는 피수식어나 피수식구 옆에 가까이 있어야 한다.

I found the ball which I played with when I was in kindergarten in the backyard.

"유치원이 뒷마당에 있었다"라는 문장이므로 틀리다. 단순히 위치만 바꿔서 고쳐지면 좋고, 그게 힘들 경우에는 문장 전체를 수정해야 한다.

In the backyard, I found the ball which I played with when I was in kindergarten.

B. Think Logically About The Conjunction. 접속사는 논리다.

접속사를 사용할 때는 논리를 확실하게 따져야 한다.

I was very hungry and I had the largest hamburger at McDonald's.

여기 and는 틀렸다. 앞뒤 절이 의미의 비중이 동등한 등위의 관계가 아니다. 접속사를 바꾸거나 문장 자체를 수정해야 한다.

I was very hungry, so I had the largest hamburger at McDonald's.

Since I was hungry, I had the largest hamburger at McDonald's.

C. Comparison Should Be Made Logically. 비교할 때는 논리적으로 비교를 해라.

비교를 할 때는 비교대상끼리 논리적으로 짝이 되는지 꼭 체크해야 한다.

This year's spring is longer than last year.

올해의 봄과 작년을 비교하고 있어 틀렸다. 올해의 봄과 작년의 봄을 비교하여 아래처럼 고쳐야 한다.

This year's spring is longer than last year's spring.

D. Avoid Redundancy. 중복의미는 피해라.

의미의 중복뿐만 아니라, 논리의 중복도 피해야 한다.

Compared to last year, this year spring came earlier.

이미 compare를 써서 비교를 했는데, earlier란 비교급을 써서 또 비교를 했다. 일반 회화에서는 다들 이렇게 쓰지만 라이팅에서는 이것도 중복의미가 돼서 피하는 게 좋다.

Compared to last year, this year spring came early.

이렇게 쓰는 것이 논리적으로 맞다.

E. Always Understand The Meaning. 문장의 의미를 먼저 이해해라.

이건 토익, 토플, SAT 같은 영어 시험을 볼 때 문장의 뜻을 파악을 안 한 상태에서 답만 고르는 안 좋은 습관을 지적하기 위해 추가했다. 시험문제 풀 때 문장의 의미를 몰라도 답을 찾을 수 있는 경우가 있지만, 문제를 이렇게 푸는 것에 익숙해지면 평생 영어 학원을 벗어나지 못하게 된다. 모든 언어가 그렇듯 영어도 핵심은 해석이고 문장의 의미를 확실하게 안 상태에서 문제를 풀어야 한다. 무조건 해석을 먼저 해야 한다. 답을 먼저 찾으려고 하지 말고.

마무리 운동(Cool Down)

이 책의 내용을 간략하게 요약하자면 영어 실력을 위해서 우리가 해야 되는 공부는 영어 읽기다. 실력에 맞게 책, 신문, 잡지 등으로 읽기를 주로 하고 미국 드라마와 영화, 팝송 등 다양한 매체를 통해 추가적인 영어 공부를 해야 한다. 이 리딩을 먼저 실천하지 않으면 그 뒤에 따라오는 라이팅, 스피킹, 리스닝도 영향을 받는다. 그래서, 앞에서도 말했지만, 리딩을 시작하고자 하는 사람은 쉽고 재미있는 영어 소설로 시작하는 것이 제일 무난하다. 소설로 시작해서 비문학인 역사나 전기로 나아가는 것이 좋다. 처음부터 어려운 비문학을 하기보다 생활 영어(구어체)를 많이 익힐 수 있는 영어 소설(영화, 드라마)을 많이 읽기를 추천한다. 그리고 하루 분량은 각자의 생활 패턴에 맞춰야겠지만, 제일 중요한 것은 영어가 매일 생활 속 어딘가에 존재해야 한다는 거다. 귀로 듣든 입으로 말하든, 아니면 눈으로 보든 영어라는 언어가 매일 자신의 생활 속 어디에선가 어떤 형태로든 존재해야 한다.

대학교 때부터 수십 년 간 영어 교육과 관련된 일을 하다보니 한국의 영어 교육에 대해 많은 것을 보고 느끼게 됐다. 영어 상담을 오는 초등생 부모에서부터 일반 직장인까지 만나보면, 한국의 영어 교육은 영어라는 언어를 익히는 learning(배움)의 과정이 아니고, 영어 책에 적힌 내용을 시험 문제를 통해 검증받는 과정이란 생각이 든다. 영어는 언어이기 때문에 언어로 배워야 하는데 공부의 도구로 사용되도록 만들어진 게 한국의 영어 교육 시스템인 것 같다. 그래서 학교와 학원에서 많은 시간과 비용을 들여서 영어 공부를 시키지만 독해, 작문, 회화 등에서 아직도 부족한 실력을 제대로 보완해주지 못하고 있다. 우리나라의 전반적인 영어 교육 시스템의 문제이기도 하지만, 영어를 공부하는 개인도 스스로 개선해야 될 점은 없는지 다시 한 번 생각해 볼 여지가 있다고 본다. 개인이 개선해야 될 점 중에 제일 중요한 것은 영어 공부에 대한 시각이다. 다시 말하지만, 그동안 우리는 영어 공부를 문제풀이식 공부로 생각하여 단어와 숙어를 암기하고 지문을 읽고 그에 해당하는 문제를 푸는 문제풀이 영어를 공부해왔었다. 또 그렇게 해야 공부를 한 것 같았다. 이 책에서 이 부분에 대해 많은 얘기를 했는데, 그런 얘기를 통해서 잘못된 영어 공부에 대한 시각이 어느 정도 바로 잡혔으면 좋겠다.

요즘은 영어 공부할 자료가 너무 잘 갖춰져 있다. 미드나 영화를 통해서 리스닝 공부를 하고 싶으면 언제든지 인터넷으로 미드나 영화를 스트리밍 서비스로 볼 수가 있고, 인터넷에 널려 있는 게 영자 신문이고, 또 원어민 강사도 많아 그들로부터 개인교습도 예전보다는 쉽게 받을 수 있는 환경이다. 하지만, 이 책에서 계속 강조했듯이 세월이 지나도 영어 공부법으로 아직도 활용이 안 되는 것이 바로 영어 읽기다. 우리의 영어 교육은 아직도 읽는 것에 약하다. 지문을 읽고 문제를 풀기 위한 읽기가 아니라, 많은 영어 문장을 경험할 수 있는 평범한 영어의 읽기 말이다. 모든 언어 공부의 중심에는 읽기가 자리잡고 있다. 이것을 튼튼한 기초로 만들어야 그 위에 회화, 청취, 작문 등 다른 분야로 확장할 수가 있다. 그런데 우리는 그동안 이 기초를 단단하게 다져놓지를 않아 기초가 부실한 상태에서 다른 것부터 잘하려는 공부 방법으로 영어를 해왔고 아직도 이 패턴은 바뀌지 않은 것 같다.

본문에서 영어책 읽기에 관한 내용은 충분히 설명했을 줄로 안다. 그러니 이제부터는 그 내용을 참조해서 어떤 특별한 프로그램이나 특정한 교육기관에만 의지하기보다 자기 자신의 의지로 읽기를 시작해보는 건 어떨까 추천한다. 시중에 나온 많은 훌륭한 교재나 어떤 교육기관의 프로그램은 그것대로 계속 활용을 하더라도 영어 공부의 중심에는 읽기가 차지하고 있어야 한다. 기초체력이 튼튼해야 어떤 운동을 해도 잘할 수 있듯이 영어 읽기로 다져진 기초가 튼튼해야 영어 실력이 성장할 수 있다. 이 기초만 튼튼하다면 영어가 생각보다 어렵지 않다.